Tessloffs schlaues Antwortbuch

WARUM?

© 1994-1997 Kingfisher/Larousse plc
© der deutschen Ausgabe 2002 Tessloff Verlag,
Burgschmietstr. 2-4, 90419 Nürnberg
http://www.tessloff.com

ISBN 3-7886-0379-8

Aus dem Englischen von Regina Schneider

Gestaltung der Reihe: David West Children's Books

Tierkinder

Dinosaurier

Die alten Griechen

Erfindungen

Die Pflanzenwelt

Kommunikation

Tierkinder

Welches Tierkind hat die beste Mutter?

Ein Gorillababy hat eine der besten Mütter der Welt. Ein Gorillaweibchen wirkt auf uns zwar furchterregend, aber es ist eine liebevolle Mutter. Sie hegt und pflegt ihr Junges, ernährt es in den ersten drei Lebensjahren und bemuttert es noch lange danach.

● Die Weibchen der Gorillas, Schimpansen, Gibbons und Orang-Utans sind ausgezeichnete Mütter.

Welches Tierbaby hat die schlechteste Mutter?

Ein Kuckucksweibchen kümmert sich nicht selbst um seine Jungen. Es legt sein Ei in das Nest eines anderen Vogels. Schlüpft das Junge, übernimmt der andere Vogel die ganze Fürsorge und zieht das Küken auf.

● Ein Kuckucksweibchen kann sein Ei in fremde Nester legen, da sein Ei den anderen gleicht.

Welche Mutter bekommt ihre Jungen hinter Gittern?

Während das Nashornvogelweibchen seine Eier in eine Baumhöhle legt, verschließt das Männchen den Eingang. Es lässt allerdings einen kleinen Spalt für den Schnabel frei, damit es sein Weibchen während der Brutzeit füttern kann.

● Tupaja-Weibchen sind Teilzeitmütter. Sie lassen ihre Jungen im Nest allein und sehen nur alle zwei Tage vorbei, um sie zu füttern.

Bei welchen Tieren bringt der Vater die Jungen zur Welt?

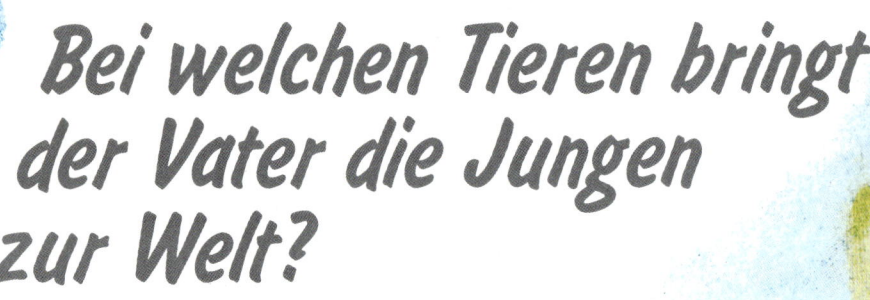

Das Seepferd-Männchen besitzt einen speziellen Beutel, in den das Weibchen seine Eier ablegt. Das Männchen trägt die Eier so lange, bis die Jungen schlüpfen und Hunderte von Seepferdchenbabys ins Meer strömen.

Wer wärmt die Eier mit den Füßen?

Jedes Jahr im tiefsten Winter legt das Kaiserpinguinweibchen ein Ei und übergibt es seinem Gefährten, damit er es wärmt. Dieser wiegt das Ei zwischen seinen Füßen und dem Gefieder, bis das Junge mit der ersten Frühlingssonne schlüpft.

● Um Stichlingjunge kümmern sich die Männchen. Versucht ein Junges auszubüchsen, schnappt der Vater nach ihm und spuckt es zurück ins Nest.

Wessen Brust ist wie ein Schwamm?

Flughühner leben in den trockenen Wüsten Afrikas und Asiens sowie in Südeuropa. Wenn das Wasser knapp ist, fliegt das Männchen Hunderte von Kilometern zu einer Wasserstelle, wo sich die Daunen unter den Deckfedern wie ein Schwamm voll Wasser saugen. So beladen fliegt es zurück zu den Küken, die das Wasser aus den Daunen trinken.

● Die meisten Tierväter sind an der Aufzucht der Jungen nicht beteiligt. Viele machen sich lange vor der Geburt ihrer Jungen auf und davon.

Warum hat das Känguru einen Beutel?

Der Beutel ist für das Kängurubaby ein sicherer Ort, um heranzuwachsen. Bei seiner Geburt ist es kaum größer als eine Erdnuss. Es wühlt sich durch das Fell der Mutter, bis es den Beutel erreicht hat. Dort lebt es von der Muttermilch und gedeiht prächtig.

1Nur das Känguruweibchen hat einen Beutel. Da das Männchen keine Jungen bekommt, braucht es auch keinen!

Wer trägt den Nachwuchs huckepack?

Jn den ersten sieben Lebensmonaten reitet ein Lemurenjunges auf dem Rücken seiner Mutter und klammert sich fest, wenn diese mit einem Affenzahn durch den Urwald rast.

Wer wird beim Genick gepackt?

Wie alle Katzenmütter packt auch eine Leopardenmutter ihr Junges beim Genick und trägt es im Maul. Da die Haut am Genick lose, faltig und weich ist, wird das Junge nicht verletzt. Es hängt ganz ruhig, bis seine Mutter es behutsam ablegt.

Eine Krokodilmutter trägt ihre Kinder im Maul und gibt gut Acht, dass sie sie nicht mit ihren messerscharfen Zähnen verletzt.

Wer fährt gerne Boot?

Die Küken der Haubentaucher lieben es, auf Mamas Rücken über das Wasser zu fahren. Dabei bräuchten sie das gar nicht, denn sie sind selbst schon perfekte Schwimmer.

Wer hat viele, viele Tanten?

Ein Elefantenbaby hat nicht nur seine Mutter um sich, sondern auch eine ganze Menge Tanten. Da Elefanten in großen Herden mit bis zu 50 Tieren leben, wächst ein Elefantenkälbchen inmitten von vielen Verwandten auf.

● Solange eine Nilpferdmutter auf Nahrungssuche ist, passt ein Babysitter auf ihr Junges auf.

● Maras gehören zur Familie der Meerschweinchen, sind langbeinig und leben in Südamerika. Mara-Eltern gesellen sich nie zu ihren Jungen in den Bau. Sie pfeifen in das Erdloch hinein und die Jungen eilen heraus.

Wer richtet eine Kinderstube ein?

Mara-Eltern verstecken ihre Jungen in einem Bau unter der Erde. Damit sie dort nicht einsam sind, teilen sich mehrere Familien einen Bau. Kommt eine Mutter vorbei, um ihre Jungen zu füttern, kümmert sie sich auch um die anderen Kleinen.

● Auch Bienen haben in ihrem Stock eine eigene Kinderstube, in der die Jungen schlüpfen.

Wo liegt die größte Kinderstube?

● Eine Fledermausmutter hat ein so feines Cehör, dass sie aus den Lauten der Millionen von Fledermäusen in der Höhle das Rufen ihres Jungen heraushört.

Jn Amerika gibt es eine Höhle namens Bracken Cave, in der über zwanzig Millionen Fledermäuse leben. Die Mütter drängen ihre Jungen eng zusammen, um sie warm zu halten. Sie hängen so dicht beieinander, dass tausend von ihnen auf einer Fußmatte Platz finden würden.

Was befindet sich in einem Ei?

Jn einem Ei befinden sich drei Dinge – das Küken, Eigelb und Eiweiß. Das Eigelb dient dem heranwachsenden Küken als Nahrung. Das Eiweiß dient ebenfalls als Futter, schützt das Kleine aber auch gegen Stöße.

● Manche Eier werden schon vor dem Schlüpfen von hungrigen Jägern aufgefressen.

● Wal-Haie legen die größten Eier – sie sind so groß wie ein Rugby-Ball.

Warum wenden Vögel ihre Eier?

Vögel wenden ihre Eier, damit sie gleichmäßig Wärme bekommen. Das Küken braucht nämlich vor allem Wärme, um zu gedeihen – und darum muss immer ein Elternteil auf dem Nest sitzen.

Legen nur die Vögel Eier?

Keineswegs. Auch viele andere Tiere legen Eier – Fische, Frösche, Schlangen, Schildkröten, Jnsekten und Spinnen. Die Eier sind unterschiedlich: Schildkröteneier sind weich, lederartig und so groß wie ein Golfball. Schmetterlingseier sind winzig und funkeln oft wie Edelsteine.

● Die Raupe ist von Anfang an ein kleiner Nimmersatt. Schon beim Schlüpfen aus dem Ei verschlingt sie die Schale.

Welches Tierbaby hat das gemütlichste Nest?

Hasenjunge haben ein wirklich kuscheliges Nest. Jhre Mutter baut das Nest in ein Erdloch, polstert trockene Grashalme zu einem Kissen und legt es mit weichen Fellhaaren aus.

● Eine neugeborene Buschratte hat nicht so viel Glück wie ein Hasenkind. Jhr Nest befindet sich mitten in einem Kaktus. Aua!

Wer wächst in einer Eishöhle auf?

Eisbärenjunge werden in einer unterirdischen Höhle geboren, die ihre Mutter tief unter die Schneedecke gegraben hat. Jn der Höhle staut sich die Luft. Das macht sie zu einem gemütlichen Plätzchen für die Wintermonate.

● Das Nest eines Kolibris ist so groß wie eine Walnussschale. Es besteht aus Spinnenseide, Flechten und Blüten.

Welche Nester sind 100 Jahre alt?

Amerikanische Weißkopfseeadler kehren jedes Jahr zu ihrem Nest zurück. Sie bessern es aus und das Weibchen legt seine Eier hinein. Manche Nester sind über 100 Jahre alt und größer als ein Auto.

● Jn Amerika baute ein Buntspechtpärchen sein Nest im Spaceshuttle. Jns All sind die beiden jedoch nicht gestartet.

Wer wohnt in einer Luftblase?

Schaumzikaden werden auch Speikäfer genannt, da sie Schaumblasen absondern, kurz nachdem sie geschlüpft sind. Darin leben sie gut versteckt, ernähren sich und wachsen heran.

Warum haben Pandas meist nur ein Junges?

Eine Riesenpandabärin bemuttert ihr Junges so fürsorglich, dass sie mit einem Kind vollauf beschäftigt ist. Ein Jahr lang umhegt sie es und sorgt dafür, dass es überlebt.

● Heute gibt es nur noch wenige Pandas. Um die Art zu erhalten, fliegen Zoobetreiber mit ihren Pandabären um die ganze Welt. So versuchen sie die Fortpflanzung zu sichern.

Welche Tiere legen Hunderte von Eiern?

Die meisten Frösche und Kröten legen unzählige Eier in großen gallertartigen Ballen, dem Laich, im Wasser ab. Viele Eier werden gefressen, doch aus manchen entwickeln sich Kaulquappen.

● Die größte Nachkommenschaft überhaupt hat wohl die Riesenvenusmuschel. Die weibliche Muschel legt alljährlich eine riesige Eierwolke ab – mit mindestens einer Milliarde Eiern.

Wo werden stets Vierlinge geboren?

Eine Neunbinden-Gürteltiermutter bringt stets eineiige Vierlinge zur Welt. Entweder vier Weibchen oder vier Männchen. Ein einzelnes Ei spaltet sich nämlich im Mutterleib in vier Teile auf, die sich alle entwickeln – zu eineiigen Vierlingen.

● Albatrosmütter legen nur etwa alle zwei Jahre ein Ei. Zehn Monate lang kümmern sich die Eltern um ihr Küken. Dann ist es groß genug und kann fliegen.

Wer bekommt die sahnigste Milch?

Die Milch einer Sattelrobbe ist so gehaltvoll, dass sie aussieht wie Mayonnaise. Sie ist zwölfmal so sahnig wie Kuhmilch und so nahrhaft, dass man förmlich zusehen kann, wie das Robbenbaby mit jeder Mahlzeit wächst.

● Ein junger Seehund muss schnell wachsen, damit seine Mutter wieder auf Fischfang gehen kann. Drei Wochen lang säugt sie ihr Junges ausschließlich und ist danach völlig ausgezehrt.

● Viele Seehundjunge kommen inmitten von Eiseskälte zur Welt. Trotzdem erfrieren sie nicht, denn eine dicke Fettschicht unter dem dichten Wollpelz wärmt sie gut.

Wer wird aus einem Beutel gefüttert?

Mit dem dehnbaren Hautsack am Unterschnabel schöpft die Pelikanmutter Fische aus dem Wasser und schluckt sie. Beim Füttern befördert sie die Fische häppchenweise wieder zurück in den Hautsack, aus dem das Küken dann die Nahrung pickt.

● Wenn ein Lachsjunges schlüpft, hat es einen eigenen Proviantkorb dabei! Der winzige Fisch besitzt einen Nahrungsbeutel, der aussieht wie ein Eidotter. Dieser ernährt ihn mehrere Wochen lang.

● Die kleine Einaugenfalterraupe gehört zu den gefräßigsten Tierkindern. Jn den ersten 56 Lebenstagen verdrückt sie das 86000-fache ihres Geburtsgewichts an Blättern. Für ein menschliches Baby wäre das so viel wie sechs große Lastwagenladungen mit Essen!

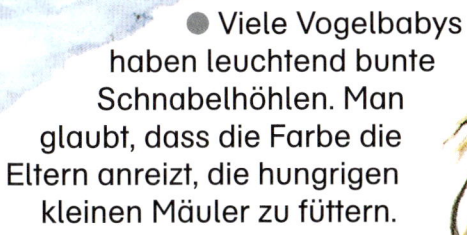

● Viele Vogelbabys haben leuchtend bunte Schnabelhöhlen. Man glaubt, dass die Farbe die Eltern anreizt, die hungrigen kleinen Mäuler zu füttern.

Wonach hascht ein Löwenjunges?

Löwenjunge sind sehr verspielt und versuchen alles, was sich bewegt, zu fangen – besonders gerne den Bommel am Schwanzende ihrer Mutter. Beim Spielen lernen die Jungen, wie sie richtig springen und jagen – Fähigkeiten, die sie später brauchen, wenn sie selber auf die Jagd gehen.

● Seeotter sind richtige Spaßvögel. Das Muttertier wirft ihr Junges hoch in die Luft und fängt es wieder auf. Huiiiiii!

● Jm Spiel lernen Tierkinder viele wichtige Fähigkeiten für ihr späteres Leben.

Warum folgen Entenküken der Mutter im Gänsemarsch?

Nach dem Schlüpfen folgen die Entenküken dem, was sie zuerst sehen, und das ist normalerweise ihre Mutter. Sie folgen ihr überall hin und lernen dabei, wie man schwimmt und Nahrung findet.

● Manche Tiereltern lehren ihre Jungen den Umgang mit Werkzeug. So weiß etwa ein junger Schimpanse schon bald, wie man mit einem Stock in Erdhügeln nach Termiten gräbt.

● Bärenjunge lernen von ihrer Mutter das Fischen. Die Fische werden mit den Tatzen aus dem Wasser geschöpft.

Wann wird aus einem Welpen ein Hund?

LASSIE

Welpen kommen blind und hilflos auf die Welt. Mit zwei Jahren sind sie ausgewachsen. Alle Welpen, egal welcher Rasse, haben bei ihrer Geburt etwa die gleiche Größe. Daher sind die kleineren Rassen früher ausgewachsen.

● **2** Mit sechs Wochen geht der junge Hund auf erste Entdeckungsreisen. Er spielt mit seinen Geschwistern und liebt es, herumzupurzeln.

● **1** Mit etwa zwei Wochen kann ein Welpe sehen und hören.

● Ein Gnu muss nicht erst Laufen lernen. Schon fünf Minuten nach der Geburt trabt es neben seiner Mutter her.

26

Wann verlässt ein Tiger sein Zuhause?

Eine Tigermutter kümmert sich zwei Jahre lang um ihren Nachwuchs. Dann bekommt sie erneut Junge und lässt ihre zweijährigen Kinder links liegen. Doch das ist nicht schlimm, denn diese sind nun erwachsen und können sich selbst versorgen.

● **3** Wenn er schließlich ausgewachsen ist, ist er ein kräftiger und lebhafter Hund geworden. Mit gesundem Fressen und genügend Auslauf bleibt er fit.

● Jm Laufe ihrer Entwicklung verändern die meisten Jnsekten ihre Gestalt. Ein Käfer beginnt sein Leben als Larve. Dann verwandelt er sich in eine starre, hartschalige Puppe. Jm Jnneren der Schale entwickelt sich das Jnsekt sehr schnell und schließlich krabbelt der fertige Käfer heraus.

Larve   **Puppe**   **Käfer**

Wer schleckt und leckt seine Jungen?

Gleich nach der Geburt werden Katzenbabys von ihrer Mutter geleckt. Sie leckt mit der Zunge um das Maul ihrer Jungen, bis sie nach Luft schnappen und anfangen zu atmen. Dann leckt sie das Fell der Jungen trocken, um sie warm zu halten.

● Flamingos putzen nicht nur ihr eigenes Gefieder, sondern auch das ihrer Küken. Sie picken Schmutz und Jnsekten heraus und verteilen Fett über die Federn, das in den Fettdrüsen produziert wird und das Gefieder wasserfest macht.

● Dass man sich im Schlamm wälzen und dabei auch noch sauber werden kann, möchte man kaum glauben. Doch nichts tut ein Nilpferdbaby lieber: Der Schlamm schützt die Haut des Nilpferds vor der Sonne und macht sie geschmeidig.

Wer mag es schön gepflegt?

Eine Pavianmutter achtet stets darauf, dass ihre Jungen gut gepflegt sind. Behutsam fährt sie mit den Fingern durch das Fell ihrer Jungen und reinigt es. Dabei entfernt sie Hautschuppen, Schmutz und Jnsekten – das meiste davon verspeist sie!

● Manchmal schnappt ein Fohlen nach seiner Mutter, aber das ist nur lieb gemeint! Es will damit erreichen, dass es liebkost wird und das Fell gesäubert bekommt.

Wer wohnt im saubersten Nest?

Von allen Saubermännern unter den Tiereltern würde wohl der Dachs den Siegespreis davontragen! Ein Dachs legt seinen Bau regelmäßig mit frischem Heu und Blättern aus. Jn einiger Entfernung zum Wohnbau gräbt er sogar Höhlen, die als Klosett dienen.

w.c.

Besetzt

Dinosaurier

Wie viele Dinosaurierarten gab es?

Es gab viele verschiedene Dinosaurier. Wissenschaftler haben bereits über 300 Arten entdeckt und finden ständig neue. Manche Dinosaurier waren riesig, andere winzig. Einige Arten waren aggressive Fleischfresser, andere gutmütige Pflanzenfresser.

Apatosaurus
(Pflanzenfresser)

Spinosaurus
(Fleischfresser)

Jguanodon
(Pflanzenfresser)

Styracosaurus
(Pflanzenfresser)

Panoplosaurus
(Pflanzenfresser)

Oviraptor
(Fleischfresser)

Stygimoloch
(Pflanzenfresser)

● Dinosaurier waren Reptilien. Zu den Reptilien der heutigen Zeit gehören Eidechsen, Krokodile, Schildkröten und Schlangen.

● Die Dinosaurier lebten an Land und hatten eine trockene, schuppige Haut. Die Schale ihrer Eier war zäh und lederartig, nicht hart und zerbrechlich wie eine Vogeleierschale.

Vor wie vielen Jahren lebten die Dinosaurier?

Die Dinosaurier lebten vor vielen Millionen Jahren. Vor ungefähr 230 Millionen Jahren gab es die ersten. Vor über 65 Millionen Jahren starben die letzten aus. Verglichen damit ist die Geschichte der Menschheit sehr kurz: Uns Menschen gibt es erst seit zwei Millionen Jahren.

Kentrosaurus
(Pflanzenfresser)

● Unvorstellbare 165 Millionen Jahre lang beherrschten die Dinosaurier die Erde!

War Tyrannosaurus ein Großmaul?

Tyrannosaurus war ein Fleischfresser. Jm aufrechten Gang war er sechs Meter hoch – größer als ein Grizzly-Bär. Er hatte ein so riesiges Maul, dass er dich leicht hätte verschlingen können!

● Viele Leute glauben, dass Tyrannosaurus auf der Jagd bis zu 50 Stundenkilometer schnell rennen konnte!

● So groß war ein Zahn des Tyrannosaurus. Die gezahnten Kanten waren hervorragend geeignet, um Haut und Fleisch zu zerreißen.

War Tyrannosaurus der König der Dinos?

● Der Name Tyranno-saurus bedeutet „Tyrannenechse". Ein Tyrann ist ein grausamer König.

Vielleicht gab es noch größere Fleisch-fresser als Tyrannosaurus. Rechts auf dem Bild siehst du den Deinocheirus. Wie er ausgesehen hat, lässt sich nur vermuten, da man von ihm nur Arme und Klauen gefunden hat. Doch da diese größer als ein ausgewachsener Mensch sind, muss er ein kolossaler Saurier gewesen sein!

● Die drei Dinosaurier links im Bild waren nahe Verwandte des Tyrannosaurus, doch keiner von ihnen war so groß.

Carnotaurus   Dilophosaurus   Ceratosaurus

Welcher Dinosaurier war der größte?

Brachiosaurus war ein Riese. Heute würde er leicht ein vierstöckiges Wohnhaus überragen. Er war so groß, dass man Mühe gehabt hätte, sein Knie zu berühren. Mittlerweile wurden jedoch die Knochen eines langhalsigen Dinosauriers gefunden, der den Namen Seismosaurus erhielt, und noch größer war!

● Brachiosaurus war 12 Meter groß, 22,5 Meter lang und 45 Tonnen schwer.

● Diplodocus war zwar einer der längsten Dinosaurier, sein Kopf war aber vergleichsweise winzig – nicht viel größer als ein Pferdekopf.

● Hier siehst du die drei Saurierriesen im Verhältnis zum größten heute leben- den Landbewohner, dem afrikanischen Elefanten.

● Die langhalsigen Dinosaurier werden Sauropoden genannt. Mit ihren langen Hälsen konnten sie Blätter in den Baumwipfeln abweiden, die für andere Dinosaurier unerreichbar waren.

● Riesendinosaurier wie Brachiosaurus wurden vermutlich bis zu 120 Jahre alt.

● Diplodocus war 26 Meter lang und 10 Tonnen schwer.

Welcher war der kleinste?

Compsognathus ist der kleinste Dinosaurier, der bislang entdeckt wurde – er war nicht viel größer als ein Huhn. Er lief auf zwei dünnen Beinen und jagte kleine Tiere, wie etwa Eidechsen.

● Apatosaurus war 21 Meter lang und wog 30 Tonnen.

Legten die Dinosaurier Eier?

Dinosaurier legten wie alle Reptilien Eier. Die Mütter legten ihre Eier in Bodennester. Größe und Form der Eier waren recht unterschiedlich – einige waren fast rund, andere lang und schmal.

● Die ersten Dinosauriereier wurden in den 1920er Jahren in der Mongolei gefunden. Es handelte sich um Eier des Protoceratops.

● Das größte Dinosaurierei, das bislang gefunden wurde, stammt von einer Art namens Hypselosaurus. Es ist etwa fünfmal so groß wie ein Hühnerei.

Eine Maiasaura mit ihren Jungen

● Langhalsige Dinosaurier beschützten ihre Jungen. Auf Wanderungen liefen die Jungtiere in der Mitte, bewacht von ihren Eltern.

● Maiasaura brüteten vermutlich in Kolonien, so wie Seevögel heute.

Welche Dinosaurier waren gute Mütter?

1978 fanden Wissenschaftler in Montana in Amerika vollständig erhaltene Dinosauriergelege mit Nestern, Eiern und sogar Babydinos. Die Dinosaurier, die diese Eier gelegt hatten, erhielten den Namen Maiasaura. Das bedeutet „Mutterechse".

Konnten Dinosaurier schwimmen?

Wenn es sein musste, schwammen Dinosaurier vermutlich auch, zum Beispiel um einen Fluss zu überqueren, aber sie lebten nicht im Wasser. Zu Zeiten der Dinos gab es viele Arten von Meeresreptilien – einige ähnelten sogar den Sauriern.

● Als die Dinosaurier lebten, gab es riesengroße Schildkröten. Archelon beispielsweise war länger als ein Ruderboot.

Kronosaurus

● Kronosaurus hatte einen riesigen Kopf! Sein Schädel war doppelt so groß wie der des Tyrannosaurus.

● Mosasaurus war die längste Meeresechse.

Mosasaurus

● Elasmosaurus hatte ähnlich wie die Sauropoden einen langen, schlangenartigen Hals. Wahrscheinlich hielt er seinen Hals und den winzigen Kopf beim Schwimmen über Wasser, und schnappte blitzschnell nach vorbeischwimmenden Fischen.

Elasmosaurus

● Diese Meeresreptilien konnten nicht wie Fische unter Wasser atmen. Sie mussten regelmäßig auf-tauchen, um Luft zu holen, so wie Wale und Delfine heute.

● Jchthyosaurier ähnelten den heutigen Delfinen. Sie waren schnelle Schwimmer und dank ihrer scharfsichtigen Augen gute Jäger.

Jchthyosaurus

● Das erste vollständige Skelett eines urzeitlichen Reptils, das je gefunden wurde, war das eines Jchthyo-sauriers. Mary und Joseph Anning waren 12 und 16 Jahre alt, als sie es 1810 am Fels-ufer im englischen Dorset entdeckten.

Teleosaurus

● Jn der Zeit der Dinos gab es auch Meereskrokodile wie die Teleosaurier, die lange Schnauzen mit scharfen Zähnen hatten und damit Fische und Tintenfische packen konnten!

41

Konnten die Dino-saurier fliegen?

Jm Zeitalter der Dinosaurier gab es auch viele fliegende Reptilien, die aber nicht zu den echten Dinosauriern zählen. Fliegende Reptilien nennt man Pterosaurier. Manche waren so klein wie eine Schwalbe, andere riesengroß.

● Pteranodon war größer als jeder fliegende Vogel heute. Sein Knochenkamm diente ihm beim Fliegen vermutlich als Steuerruder.

● Wahrscheinlich wurden Flugsaurierjunge von ihren Eltern ganz ähnlich gefüttert wie kleine Vogelküken heute.

● Der Flugsaurier
Quetzalcoatlus war
das größte fliegende
Lebewesen, das
es je auf der Erde
gegeben hat.
Er war größer
als ein heutiger
Gleitschirmflieger.

● Flugsaurier waren
nicht gefiedert wie
Vögel. Mit ihrem weichen,
pelzigen Körper und den
lederartigen Flughäuten
ähnelten sie eher
Fledermäusen.

● Der Kopf des Dimorphodon
war geformt wie der eines
Papageitauchers. Gesicht
und Schnabel waren
vermutlich leuchtend bunt.

Dimorphodon

● Die Schnabelspitze
des Dzungaripterus
eignete sich hervorra-
gend, um Uferschnecken
und Schalentiere aus
Felsritzen zu erbeuten.

Dzungaripterus

● Pterodaustro benutzte seinen
scharf gezackten Unterkiefer
wahrscheinlich wie ein Sieb, um
winzige Lebewesen aus dem
Wasser zu filtern.

Pterodaustro

Wer trug Dornen auf dem Schwanz?

Stegosaurus besaß eine tödliche Waffe am hinteren Ende des Körpers. Die langen dornigen Spitzen auf seinem Schwanz waren zwar nicht giftig, konnten aber schwere Wunden reißen.

● Möglicherweise speicherten die Rückenplatten des Stegosaurus die Wärme der Sonnenstrahlen und hielten ihn warm.

● Der keulenförmige Schwanz des Ankylosaurus war vermutlich mit einem Augenmuster versehen. Wenn ein Fleischfresser den Schwanz für den Kopf hielt, erlebte er eine böse Überraschung!

● Der Schwanz des Diplodocus verhinderte, dass er umfiel, wenn er sich auf die Hinterbeine stützte, um höher gelegene Zweige abzuweiden.

● So wie Seiltänzer mit einer Stange balancieren, hielten zweibeinige Dinosaurier den Schwanz beim Rennen gerade ausgestreckt, um nicht das Gleichgewicht zu verlieren.

Wer schwang die Peitsche?

Die langhalsigen Dinosaurier waren groß genug, um die meisten Fleischfresser fern zu halten. Wenn sich ein Diplodocus doch einmal gegen einen Angreifer wehren musste, schwang er seinen Schwanz wie eine Peitsche.

Gaben Saurier Laute von sich?

Manche Dinosaurier mit schnabelartigem Kiefer machten vermutlich echte Blasmusik. Jhre Hörner und Knochenkämme waren hohl. Forscher glauben, dass die Entenschnabel-Dinosaurier mit ihren Nüstern Geräusche wie ein Nebelhorn erzeugten.

● Man ging früher davon aus, dass der Kamm dem Parasaurolophus unter Wasser als Schnorchel diente. Doch leider gab es an der Kammspitze keine Öffnungen für eine Luftzufuhr!

Lambeosaurus

Hypacrosaurus

● Entenschnabel-Saurier haben ihren Namen von der langen flachen Schnauze, die wie ein Schnabel spitz zulief. Die wissenschaftliche Bezeichnung für diese Gruppe lautet Hadrosaurier.

Corythosaurus

Wer lieferte sich Stoßkämpfe?

Stegoceras hatte einen starken Schädel, den er vermutlich auch zum Stoßkampf einsetzte. Sein Schädel hatte die Funktion eines Helms, der das Gehirn schützte.

Parasaurolophus

Wie verlief die Balzzeit?

Viele Tiere stehlen einander gerne die Schau, besonders wenn sie auf Partnersuche sind. Das war bei den Dinosauriern bestimmt nicht anders. Enten-schnabel-Dinosaurier haben wahr-scheinlich mit ihren prächtigen und bunt gemusterten Kämmen posiert.

● Man nimmt an, dass Anatosaurus in der Balzzeit seine Stirn wie einen Ballon aufblies.

Was fraß ein Dinosaurier?

Auf dem Speiseplan Fleisch fressender Dinosaurier standen nicht nur Artgenossen. Die Nahrungsvielfalt reichte von Jnsekten, Eidechsen und Vögeln bis hin zu rattenähnlichen Säugetieren. Die Pflanzenfresser ernährten sich von den Blättern und Früchten der Pflanzen.

● Neben Zähnen zum Kauen besaßen Pflanzen fressende Dinosaurier wie Psittacosaurus einen harten Schnabel, mit dem sie dickere Pflanzenstängel zerbeißen konnten.

Wer hatte Hunderte von Zähnen?

Entenschnabel-Dinosaurier hatten zahllose Zähne, die in dichten Reihen angeordnet waren. Wenn Ober- und Unterkiefer gegeneinander rieben, arbeiteten die Zähne wie ein Gemüsehobel.

Warum fraßen Dinosaurier Steine?

Einige Dinosaurier verschlangen kleine Steine, die sich dann in ihren Bäuchen sammelten – wie Murmeln in einem Beutel. Diese Magensteine halfen schwer verdauliche Pflanzenteile zu zermahlen.

● Jn versteinertem Kot von Dinosauriern fanden Forscher Nahrungsreste, die Aufschluss darüber gaben, was die Tiere damals fraßen.

Wer hatte gern Eier zum Frühstück?

Oviraptor hatte keine Zähne, dafür aber einen starken Schnabel und zwei scharfe Spitzen am Gaumendach. Möglicherweise benutzte er die Spitzen, um die Eier anderer Dinosaurier aufzuknacken und auszuschlürfen.

● Oviraptor bedeutet „Eierdieb".

49

Woher wissen wir, wie die Saurier aussahen?

Da niemand je einen lebenden Saurier zu Gesicht bekommen hat, müssen die Forscher Detektivarbeit leisten. Fossile Knochen, mit denen sich ein Skelett nachbilden lässt, sind am aufschlussreichsten. Fossilien sind Versteinerungen von Lebewesen aus einer früheren Epoche der Erdgeschichte.

● Das Nachbilden eines Dinosaurierskeletts gleicht einem schwierigen Puzzle und man kann sich leicht irren. So wurde der Daumenknochen des Jguanodon zuerst für ein Nasenhorn gehalten.

So bilden sich Fossilien:

1 Ein toter Dinosaurier wurde unter Sand- oder Schlammschichten begraben – etwa nach einem Sturz in einen Fluss oder See.

2 Die Weichteile seines Körpers verfaulten. Zurück blieben nur die härteren Körperteile wie Knochen.

● Jst ein Skelett zusammengesetzt, können die Forscher feststellen, wie die Muskeln die Knochen zusammenhielten…

● …und wie der Dinosaurier ausgesehen hat, wenn die Muskeln von Haut bedeckt sind.

● Die Tiefe und der Abstand von Fußabdrücken geben Aufschluss über das Gewicht und die Laufgeschwindigkeit eines Dinosauriers.

Welche Farbe hatten Dinosaurier?

Niemand weiß, welche Färbung Dinosaurier hatten. Man fand zwar Versteinerungen ihrer Haut, doch die zeigen nur, dass die Haut schuppig war.

3 Über Jahrmillionen hinweg wurden sie zu Stein.

Wie findet man Fossilien?

Dinosaurierfossilien sind gewöhnlich in Felsen eingebettet, müssen also erst ausgegraben werden. Manchmal werden sie zufällig entdeckt, doch nach den meisten suchen Wissenschaftler systematisch. Denn nur bestimmte Gesteinsarten enthalten Fossilien.

● Zunächst wird eine Karte des Ausgrabungsgebietes angefertigt, in die dann jeder Fund eingetragen wird.

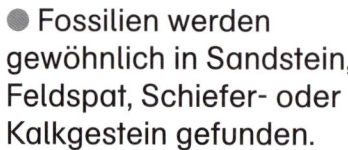

● Fossilien werden gewöhnlich in Sandstein, Feldspat, Schiefer- oder Kalkgestein gefunden.

● Es kann Wochen, Monate oder gar Jahre dauern, bis ein Skelett vollständig ausgegraben ist.

● Dinosaurier werden manchmal nach ihrem Entdecker benannt.

● Fotografen halten die Fundstelle jedes einzelnen Knochenstückes fest. Das hilft den Wissenschaftlern, das Skelett später wieder zusammenzusetzen.

● Die Fundstücke müssen oft mit Lastwagen über unwegsames Gelände transportiert werden.

● Die Fossilien werden in Gipstücher eingepackt, um sie gegen heftige Stöße zu schützen – genauso wie man einen Gipsverband um ein gebrochenes Bein wickelt.

● Die Ausgrabungsstätten liegen oft weitab von Städten oder Straßen. Die Forscher leben dann in Zelten und Wohnwagen.

Wo gibt es Dinosaurier-Fundstellen?

Dinosaurier lebten überall auf der Erde. Fossilien fand man in Amerika und China, in England und in Australien – ja sogar in der Antarktis.

Was geschah mit den Dinosauriern?

Vor 65 Millionen Jahren verschwanden plötzlich alle Dinosaurier mitsamt den Flugsauriern und den meisten Meeresreptilien. Niemand weiß genau, was zu ihrem Aussterben geführt hat.

● Vielleicht wurden die Dinosaurier durch neu entstandene Pflanzenarten vergiftet.

● Viele Wissenschaftler glauben, dass aus dem Weltall riesige Meteoriten auf die Erde stürzten, Staubwolken aufwirbelten und die Sonne verdunkelten. Das führte zu einer Klimaveränderung und löschte die meisten Pflanzen aus. Zuerst starben die Pflanzen fressenden Dinosaurier vor Kälte und Hunger und dann die Fleischfresser.

● Manche Menschen glauben, dass Meeresreptilien wie Elasmosaurus nicht ausgestorben sind, sondern heute noch in großen Seen leben – zum Beispiel im Loch Ness in Schottland.

● Archaeopteryx sah zwar aus wie ein gefiederter Dinosaurier, war aber keiner. Er lebte vor 140 Millionen Jahren und ist der älteste uns bekannte Vogel, allerdings ein etwas eigenartig anmutender, denn er hatte einen knochigen Schwanz, Finger mit Krallen und Zähne.

Haben die Dinosaurier Nachfahren?

Wissenschaftler glauben, dass sich einige Saurierarten zu Vögeln weiterentwickelt haben, da sich die Skelette beider Arten ähneln. Wenn du das nächste Mal einen Vogel im Baum nisten oder über die Wiese hüpfen siehst, betrachte ihn doch einmal genauer!

Die alten Griechen

Wer waren die alten Griechen?

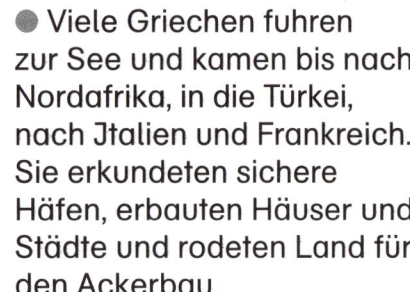

Die alten Griechen lebten vor ungefähr 3 500 Jahren in Griechenland. Aber sie siedelten nicht nur dort, sondern auch im Norden und Osten, im heutigen Bulgarien und in der Türkei. Andere bewohnten Jnseln im Ägäischen Meer.

● Viele Griechen fuhren zur See und kamen bis nach Nordafrika, in die Türkei, nach Jtalien und Frankreich. Sie erkundeten sichere Häfen, erbauten Häuser und Städte und rodeten Land für den Ackerbau.

■ Ursprüngliches griechisches Siedlungsgebiet
■ Griechische Kolonien

Frank-reich

Jtalien

Mittelmeer

Nord-afrika

Ägäisches Meer

Türkei

● Bis ins 5. Jahrhundert v. Chr. war die Welt der Griechen groß, reich und mächtig. Sie erstreckte sich von Frankreich im Westen bis zur Türkei im Osten.

● Überall, wo sie hinkamen, pflegten die griechischen Siedler weiterhin ihren eigenen Lebensstil. Auf die Einheimischen muss das oft eigenartig gewirkt haben.

● Die alten Griechen waren ein sehr gebildetes Volk. Sie hatten gute Gesetze und eine starke Armee. Sie errichteten prachtvolle Tempel und Theater. Unter ihnen waren große Denker, Künstler und Athleten.

Warum wuchs Griechenland an?

Das ursprüngliche Siedlungs-gebiet war klein und es gab nicht ausreichend fruchtbaren Ackerboden. Etwa 750 v. Chr. wurden der Platz und die Nahrung knapp. Deshalb begannen viele Menschen, sich nach neuen Land-strichen umzusehen. Und so dehnte sich die griechische Welt immer weiter aus.

War Griechenland „ein" Land?

Das Alte Griechenland war kein fest begrenztes Land wie heute. Es bestand aus verschiedenen kleinen Staaten, die durch Berge, Täler oder das Meer voneinander abgeschnitten waren. Die Staaten waren kaum größer als Städte, aber alle hatten ihre eigenen Gesetze und Armeen und lagen oft im Krieg miteinander. Der größte der Stadtstaaten war Athen.

● Jeder Staat bestand aus einer Stadt und ihrem Umland. Viele Stadtstaaten lagen am Meer und hatten auch einen Hafen.

HAFEN

TEMPEL

GEFÄNGNIS AGORA

SCHULE

STADTMAUERN

LANDWIRTSCHAFT

Wie konnten die Bürger mitbestimmen?

● Sparta war ein Stadtstaat im südlichen Griechenland. Dort regierten zwei Könige aus zwei Herrscherfamilien, die vom Rat der Weisen unterstützt wurden.

THEATER

WOHN-HÄUSER

● Zu den reichen griechischen Haushalten gehörten meist Sklaven. Die Sklaven verrichteten harte Arbeit. Sie bauten Häuser, machten Feld- und Hausarbeit und hüteten die Kinder.

Jn Athen waren alle erwachsenen Männer, die keine Sklaven waren, Bürger. Sie konnten die Regierungsbeamten wählen und für oder gegen neue Gesetze stimmen. Sie konnten auch auf der Volksversammlung reden. Die Volksversammlung war eine riesige Zusammenkunft unter freiem Himmel, bei der jeder Bürger angehört wurde.

Wozu gab es eine Wasseruhr?

Bürger, die auf der Volksversammlung sprachen, durften nicht beliebig lange reden. Jeder Sprecher hatte sich nach der Wasseruhr zu richten. Sobald der letzte Wassertropfen aus dem Gefäß getröpfelt war, war seine Redezeit vorbei.

● Mindestens 6000 Bürger mussten auf einer Volksversammlung zusammenkommen. Sie trafen sich auf einem Hügel in Athen und wählten per Handzeichen.

61

Wo lebten die mutigsten Krieger?

Die Soldaten von Sparta stellten die kriegerischste Armee im Alten Griechenland. Sie waren sehr gut ausgebildet, unerschrocken und hart. Ihr ganzes Leben bestand auch in Friedenszeiten aus Training und Kampf.

● Die Krieger Spartas waren berühmt für ihr langes, wallendes Haar, das sie vor jeder Schlacht kämmten. Vielleicht fühlten sie sich mit ihren langen Mähnen so stark wie Löwen!

● Für einen Spartaner war Tapferkeit wichtiger als alles andere. Feiglinge wurden bestraft, indem man ihnen die Hälfte der Haare und des Bartes abrasierte! Das war eine fürchterliche Schande.

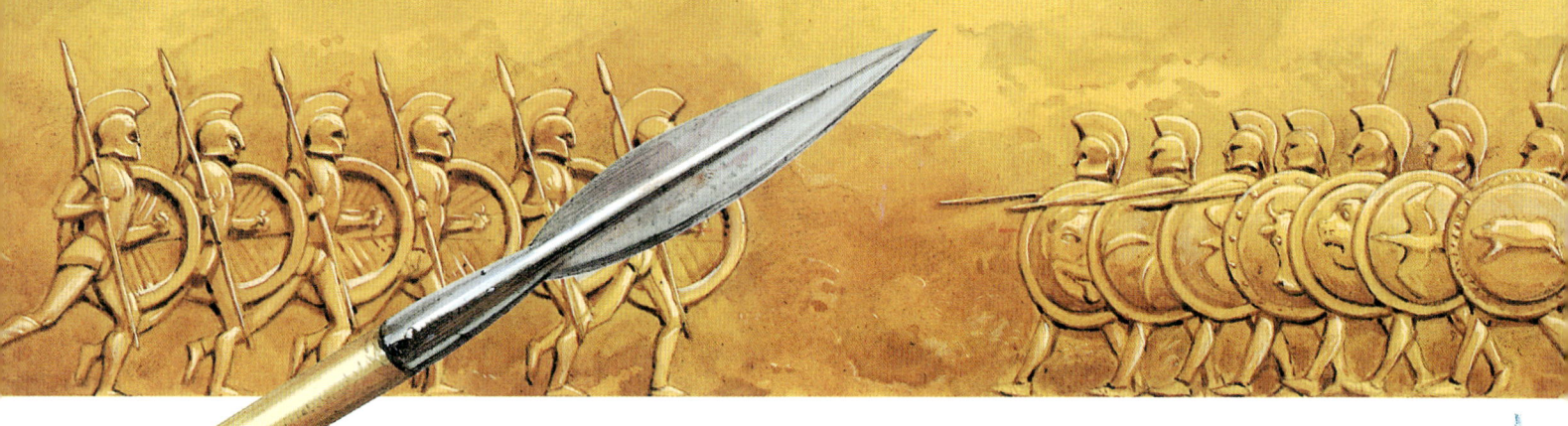

Wer bezahlte Waffen und Rüstung?

Griechische Soldaten mussten für Waffen und Rüstung selbst aufkommen. Ein reicher Soldat kaufte sich eine scharfe Lanze und ein Schwert, einen stabilen Schild und eine gute Rüstung. Ein armer Soldat kämpfte mit allem, was er bekommen konnte. Und das war mitunter nicht viel mehr als eine Tierhaut und ein Holzstock!

● Die Soldaten stellten sich in einer Schlacht geschlossen in einer Phalanx auf. Dabei überlappte jedes Schutzschild eines Soldaten das seines Nachbarn, so dass sich eine schützende Schildermauer bildete.

● Jn Sparta legte man Wert darauf, dass nicht nur die Männer gut trainiert waren. Auch die Frauen wurden sportlich erzogen, damit sie gesunde und kräftige Babys bekamen.

● Nachdem eine Schlacht gewonnen war, übergaben die Soldaten manchmal ihre Rüstung den Göttern zum Dank. Sie legten sie in den Tempeln ab oder hängten sie an die Äste von Bäumen.

Warum hatten die Schiffe lange Nasen?

Die griechischen Kriegsschiffe hatten am Bug eine lange, scharfe Spitze, die man Ramme nannte. Die Ruderer steuerten so schnell sie konnten auf ein feindliches Schiff zu und versuchten ihm mit der Ramme ein Loch in die Seite zu reißen. Wenn das glückte, ging das feindliche Schiff unter und alle Mann an Bord ertranken.

● Die meisten griechischen Schiffe hatten zu beiden Seiten des Bugs ein großes Auge aufgemalt. Die Seeleute hofften, dass die Augen Geister fernhalten und die Männer bis zu ihrer Heimkehr beschützen würden.

● Die größten Kriegsschiffe nannte man Triremen. Sie hatten zu beiden Schiffsseiten drei übereinander liegende Ruderbänke. Mit 170 Mann, die sich in die Ruder legten, glitten die Schiffe schnell durch das Wasser.

● An Bord eines jeden Schiffes gab es einen Flötenspieler, der in gleichmäßigem Takt Melodien blies. So konnte man die Ruder im Takt der Musik bewegen.

Warum war es einfacher, mit dem Schiff zu reisen?

Jn Griechenland gibt es viele Jnseln, zu denen man heute noch häufig nur mit dem Boot gelangt. Doch die alten Griechen umrundeten per Boot auch das Festland. Die Küste entlang zu segeln ging viel schneller und leichter, als sich auf dem Rücken eines Esels über die steilen, steinigen Pfade zu quälen!

Wer war die Göttin der Weisheit?

Athene war die Göttin des Krieges und die Göttin der Weisheit. Jhr Symbol war die weise Eule. Sie beschützte die Stadt Athen. Darum liebten und verehrten sie die Bürger Athens. Sie bauten zu ihren Ehren auf dem höchsten Hügel ihrer Stadt, der Akropolis, einen Tempel, den Parthenon.

● Der Sage nach lebten die Götter auf dem Gipfel des Olymp, dem höchsten Berg Griechenlands. Aber sie benahmen sich nicht immer so, wie man das von Göttern erwarten würde, sondern stritten sich häufig.

Hermes – der Götterbote

Zeus – der höchste aller Götter, der „Göttervater"

Demeter – die Göttin des Ackerbaus und der Fruchtbarkeit

● Die Griechen glaubten an viele Göttinnen und Götter. Jede Gottheit verfügte über andere Kräfte. Manche Götter waren gütig, andere dagegen streng und grausam.

Aphrodite – die Göttin der Liebe und Schönheit

Hera – die höchste aller Göttinnen, die Göttin der Frauen und Kinder

Hades – der Gott der Unterwelt

Wer erzählte von den Göttern?

Jn dem Versepos *Die Odyssee* schildert der berühmte Dichter Homer die abenteuerliche Heimfahrt des griechischen Soldaten Odysseus vom Krieg um Troja nach Jthaka. Der Meeresgott Poseidon versucht sein Schiff zu versenken, doch unter dem Schutz der Göttin Athene kehrt er schließlich unversehrt heim.

● Poseidon war der Gott der Meere. Er versuchte das Schiff des Odysseus zu versenken, indem er die See mit heftigen Stürmen aufwühlte.

● Jm Parthenon stand eine große Statue der Göttin Athene – ungefähr zehnmal so groß wie du! Sie war mit kostbarem Gold und Elfenbein bedeckt.

Warum bauten die Griechen Tempel?

Die Griechen bauten prachtvolle Tempel als Heimstatt für ihre Götter. Nur edelste Materialien und die besten Handwerker kamen zum Einsatz, um die Götter zu erfreuen. Statuen, hohe Säulen und bemalte Friese schmückten den Außenbereich der Tempel. Jm Jnneren waren die Räume voll mit Kostbarkeiten.

● Der Parthenon in Athen wurde aus blendend weißem Marmor erbaut. Die riesigen Steinblöcke wurden auf Ochsenkarren zur Baustelle geschafft und über Flaschenzüge zu den Bauarbeitern hinaufgezogen.

Wessen Handwerk war Gold wert?

Griechische Handwerker waren sehr geschickt. Steinmetze meißelten Marmorfiguren, Metallarbeiter fertigten Bronzestatuen und Bronzegefäße, Töpfer und Maler schufen Kunstwerke. Einige Handwerker wurden reich und berühmt und verkauften ihre Ware auch im Ausland.

● Die griechischen Töpfer waren berühmt für ihre schönen Schalen, Vasen und Becher. Sie arbeiteten mit Künstlern zusammen, die die Tonwaren mit Helden, Göttern oder einfachen Leuten in rot oder schwarz bemalten.

● Griechische Bildhauer meißelten wundervolle Statuen. Eine Sage erzählt, wie der Bildhauer Pygmalion eine so lebensechte Frauenstatue schuf, dass er sich in sie verliebte! Aphrodite, die Göttin der Liebe, hatte Mitleid mit ihm und erweckte die Statue zum Leben.

● Tempelsäulen waren nicht aus einem einzelnen Steinblock gehauen, sondern aus zylinderförmigen Stücken, die mit Pflöcken zusammengehalten wurden. Die Steine saßen gut aufeinander – wenn man sie in der richtigen Reihenfolge zusammenfügte.

Wann heiratete ein Paar?

Die meisten Paare wurden von ihren Eltern verheiratet! Ein reicher Vater suchte für seinen Sohn oder seine Tochter eine gute Partie – jemanden, der die Familie noch wohlhabender und einflussreicher machte. Die Bräute waren bei ihrer Hochzeit erst 13 oder 14 Jahre alt. Ihre Ehemänner waren oft deutlich älter – etwa 30.

● Am Hochzeitstag wurde die Braut in einer Kutsche zum Haus ihres Bräutigams gefahren. Man zog freudig durch die Straßen, Musikanten spielten und Fackeln erleuchteten den Weg.

● Nach der Hochzeit wurde die Kutsche der Braut zertrümmert – als Zeichen dafür, dass sie ihr Elternhaus für immer verlassen hatte.

Wie sah der Alltag der Mädchen aus?

Junge Mädchen aus reichen Familien wurden zu Hause im Lesen unterrichtet. Sie gingen nicht zur Schule. Meistens lernten sie von ihren Müttern, wie man Wolle zu Faden spann und zu feinem Wollstoff verwebte. Alle Stoffe, die eine Familie brauchte, stellten die Frauen selbst her – ob für Wandbehänge, Teppiche und Decken oder für Kleidung.

● Eine griechische Sage erzählt die Geschichte eines Mädchens namens Arachne, die glaubte, sie könne besser spinnen als die Göttin Athene. Erbost verwandelte Athene sie dafür in eine Spinne. Nun konnte Arachne nur noch Spinnennetze weben.

● Nur wenige Frauen lernten lesen und schreiben. Eine der berühmtesten griechischen Dichterinnen war eine Frau namens Sappho, die vor rund 2 500 Jahren lebte.

Wer besuchte die Schule?

Jm Alten Griechenland war das Gymnasium eine Schule für junge Männer ab 18 Jahren. Mit sieben Jahren kamen die Jungen in die Schule. Dort lernten sie Lesen, Schreiben und Rechnen und wie man Reden hält, Gedichte vorträgt und singt.

Wo konnte man Früchte, Gemüse und Käse kaufen?

Stadtbewohner kauften ihre Nahrungsmittel auf der Agora, dem Markt- und Versammlungsplatz in der Stadtmitte. Dort gab es frisches Obst, Gemüse und Getreide, das Bauern von außerhalb in die Stadt brachten. Auch Käse aus Ziegen- oder Schafsmilch wurde feilgeboten.

● Die Bauern beluden ihre Esel mit Nahrungsmitteln, die sie auf der Agora verkauften – Obst, Gemüse, Käse, Hühner und Ferkel.

● Jedes Jahr nach der Traubenernte stiegen Arbeiter in große Holzzuber, um die Früchte darin zu Saft zu stampfen, aus dem man dann Wein machte. Das war eine schweißtreibende, erschöpfende und klebrige Angelegenheit.

Warum schlugen Bauern auf die Bäume?

Vor jeder Olivenernte breiteten die Bauern große Decken unter den Bäumen aus. Dann schlugen sie auf die Zweige, bis die reifen Früchte auf die Decken fielen. Das ging viel leichter, als die Oliven einzeln vom Baum zu pflücken!

● Einfache Leute kauften nur selten Fleisch, da es sehr teuer war. Wenn sie welches kauften, dann verwerteten sie jedes Stück. Sie schmorten die Lungen und die Eingeweide und kochten das Gehirn.

Gab es zum Frühstück ein Trinkgelage?

Nein! Manche tranken zwar Wein zum Frühstück, aber der war mit viel Wasser verdünnt. Die meisten Griechen bevorzugten Milch. Daneben gehörten Brot, Haferbrei, Eier, Fisch oder auch Feigen zu einem guten Frühstück.

Warum trugen Schauspieler Masken?

Im antiken Griechenland waren nur Knaben und Männer Schauspieler. Sie trugen Masken, die zeigten, welche Rolle sie gerade spielten – einen Mann oder eine Frau, einen Weisen oder einen Narren. Ein griechisches Theater bot Platz für bis zu 17 000 Zuschauer. Die großen Masken waren von allen Plätzen aus gut zu sehen.

● Griechische Theater waren in Form eines Halbkreises auf einem Hügel erbaut. Die Stimmen der Schauspieler wurden so bis in die hinteren Reihen getragen – selbst wenn sie flüsterten.

● Manche Vorführungen dauerten den ganzen Tag. Die Zuschauer nahmen Kissen und Decken mit, die sie auf die harten Steinsitze legten. Wenn sie hungrig oder durstig waren, kauften sie kleine Speisen und Wein.

Eine Schildkröte als Musikinstrument?

Traurig aber wahr – nur eine tote Schildkröte machte Musik. Aus einem leeren Schildkrötenpanzer bastelte man eine Lyra, ein Musikinstrument, das einer Harfe glich. Man befestigte Saiten am Panzer und zupfte darauf Melodien.

● Die Doppelflöte war schwer zu spielen. Man brauchte doppelt so viel Puste wie für eine normale Flöte und jede Hand spielte eine andere Melodie.

● Das Theaterpersonal trug große Stöcke bei sich, falls es einmal Ärger gab. Manchmal steigerten sich die Zuschauer in ein Stück hinein und fingen Krawall an. Mit ein paar kräftigen Hieben waren sie aber schnell wieder beschwichtigt!

Weshalb gab es die Olympischen Spiele?

Die Olympischen Spiele waren Teil eines religiösen Festes zu Ehren des Zeus, des höchsten Gottes. Jedes Jahr strömten etwa 20000 Menschen nach Olympia, wo die Spiele stattfanden, um den Sportlern zuzusehen. Die härteste Sportart war der Fünfkampf, bei dem die Wettkämpfer an fünf verschiedenen Sportarten teilnehmen mussten – Weitsprung, Wettlauf, Ringkampf, Diskuswerfen und Speerwerfen.

● Frauen durften an den Olympischen Spielen nicht teilnehmen. Sie veranstalteten ihre eigenen Spiele zu Ehren von Hera. Die Spiele der Frauen bestanden aus nur einer Sportart, dem Wettlauf.

● Bei den Olympischen Spielen waren alle Athleten nackt. Die Griechen waren stolz auf ihre Körper und hatten keine Scheu, sie öffentlich zu zeigen!

Bekamen die Sieger Medaillen?

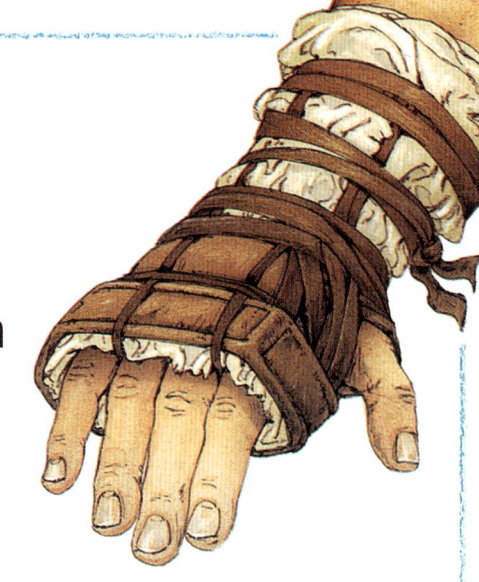

Bei den Olympischen Spielen zu siegen, war damals wie heute eine große Ehre. Damals gab es jedoch keine Medaillen. Die Sieger bekamen Lorbeerkränze, Krüge mit Olivenöl, schöne Vasen sowie Stoffe und Tücher für Kleidung.

● Die Boxer trugen keine gefütterten Boxhandschuhe wie heute. Sie umwickelten ihre Hände mit Lederriemen.

Wer lief den ersten Marathonlauf?

Jm Jahre 490 v. Chr. gewannen die Griechen bei Marathon, einer Stadt rund 42 Kilometer vor Athen, eine Schlacht. Ein Soldat namens Pheidippides rannte die ganze Strecke nach Athen, um die Siegesnachricht zu verkünden. Leider war der Arme nach diesem „Marathonlauf" so erschöpft, dass er zusammenbrach und starb.

● Bei den frühen Olympischen Spielen gab es keinen Marathonlauf. Heute gehört er zu den Spielen dazu. Die Strecke geht über 42 Kilometer, das entspricht genau der Entfernung, die Pheidippides vor 2 500 Jahren gerannt ist.

Warum stellten die Ärzte so viele Fragen?

Die Ärzte im Alten Griechenland wussten, dass es sehr wichtig war, möglichst viel über einen Patienten zu erfahren. Deshalb stellten sie viele Fragen – über Ernährung, sportliche Betätigungen und so fort. Damals glaubten viele, dass Krankheit eine Strafe der Götter sei, doch die meisten Ärzte arbeiteten wissenschaftlich.

● Griechische Ärzte waren gepflegt, gut gekleidet, heiter und freundlich. So fassten die Patienten Vertrauen. Die Ärzte wussten, dass das den Kranken hilft, schneller gesund zu werden.

Wer hatte gute Ideen in der Badewanne?

Archimedes war ein bedeutender Mathematiker, der um 250 v. Chr. in Griechenland lebte. Eines Tages, beim Baden, fand er plötzlich die Lösung zu einem Problem, das ihn schon lange beschäftigt hatte. Vor Freude sprang er aus dem Wasser, rannte zu seinen Freunden und rief „Eureka!" („Jch habe es!").

● Die Griechen waren sehr offen gegenüber neuen Jdeen. Stundenlang konnten sie unter schattigen Bäumen sitzen und die verschiedensten Jdeen besprechen.

Wer entdeckte, dass die Erde rund ist?

Die griechischen Wissenschaftler interessierten sich sehr für die Erde und das All. Um 470 v. Chr. sah Parmenides eine Mondfinsternis und bemerkte, dass die Erde einen gebogenen Schatten auf den Mond warf. Wenn der Schatten gebogen war, so folgerte er daraus, dann musste die Erde rund sein!

● Diogenes war einer der berühmtesten griechischen Denker. Er lebte in einem alten Holzfass, um zu zeigen, dass er sich nichts aus Geld und Besitz machte. Das Einzige, was ihn interessierte, waren geistige Dinge.

Woher wissen wir so viel über die Antike?

Aus dem Alten Griechenland sind viele Dinge erhalten – nicht nur Bauwerke und Statuen, sondern auch Schriftstücke, Waffen, Schmuck und Münzen. Historiker untersuchen all diese Dinge sehr sorgfältig. Sie suchen nach Hinweisen, um ein Bild der Vergangenheit zusammenzusetzen.

● Tonwaren erzählen vom damaligen Leben. Sie sind mit Familienszenen bemalt, zeigen Athleten, Festspiele und Menschen bei der Arbeit. Erkennst du, welcher Arbeit der Mann auf diesem Teller nachgeht?

● Um 300 v. Chr. begann Griechenland auseinander zu brechen. Jn Jtalien wurden die Römer stärker. 148 v. Chr. eroberten sie Griechenland.

Fanden die Griechen Nachahmer?

Vor rund 2 000 Jahren marschierten die Römer in Griechenland ein. Sie eroberten die Armeen und gliederten das Land dem Römischen Reich an. Die Römer schätzten die griechische Lebensart. Sie bewunderten die Literatur, die Bauwerke und die Kunst der Griechen. Sie übernahmen vieles, um ihre eigene Lebensweise zu bereichern.

● Die Akropolis ist eine Tempelanlage auf dem höchsten Hügel Athens. Wenn du hinaufsteigst, befindest du dich im Herzen des antiken Griechenlands. Viele alte Bauwerke sind noch erhalten, wie der Parthenon-Tempel.

● Griechische Tempel haben fast 2 500 Jahre überdauert. Heute allerdings setzt ihnen die Luftverschmutzung stark zu. Sie greift die Steine an und zerfrisst sie.

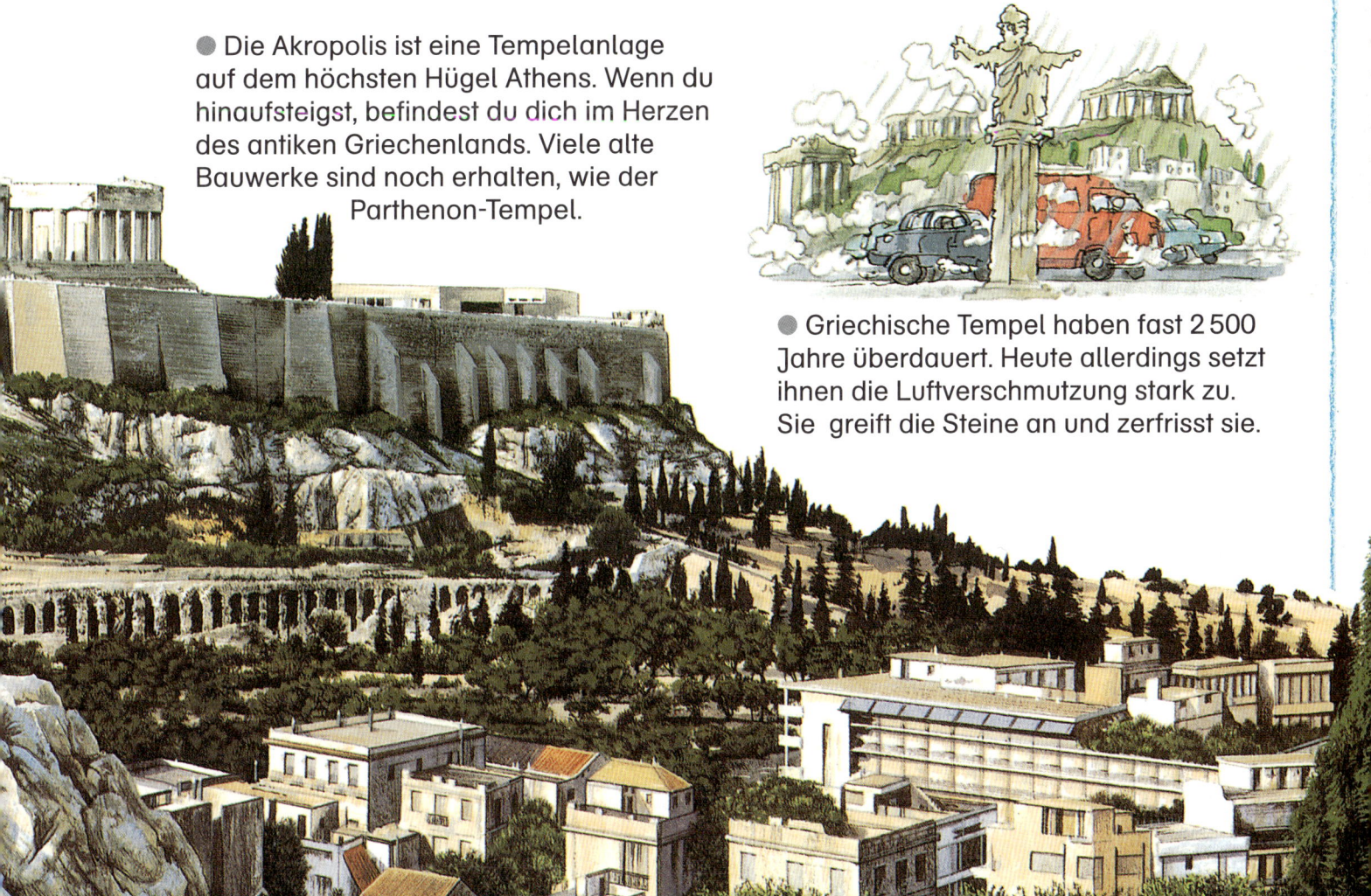

Erfindungen

Wie entsteht eine Erfindung?

Ein Erfinder erkennt die Notwendigkeit, ein Problem zu lösen und lässt sich etwas einfallen. So etwa fiel einem findigen Menschen auf, wie unpraktisch große Regenschirme sind, und er erfand den faltbaren Minischirm.

● Schon morgens, wenn du aufwachst, bist du von vielen Erfindungen umgeben, die das Leben einfacher und angenehmer machen – wie Kissen, Glühbirnen oder Müsli.

Bin Kleber kaufen!

● Selbstklebende Notizzettel sind eine Zufallserfindung. Als ein Klebstoff entwickelt wurde, blieb das festgedrückte Stück Papier einfach nicht haften. Man konnte es immer wieder abziehen und neu aufkleben.

● Einige Erfindungen entstanden aus Spaß am Spiel, wie etwa die Frisbee-Scheibe: Kunden des Bäckers Joseph Frisbie fingen an, die Deckel der Tortendosen als runde Wurfscheiben im Park zu benutzen.

● Sicherheitsnadeln gibt es seit zweihundert Jahren. Doch Spangen, die die Kleidung zusammen hielten, gab es bereits im Alten Ägypten – der Erfinder hat diese Jdee nachgebildet.

Was ist eine Erfindung?

Eine Erfindung ist etwas neu Hervorgebrachtes, etwas, das man nicht kannte, bevor es jemand erfunden hat – wie die Büroklammer. Dinge wie Kohle oder Gummi dagegen waren schon immer vorhanden und mussten nur entdeckt werden.

● Als die Menschen entdeckten, dass Gummibäume einen milchigen Saft enthalten, machten sie daraus Gummi. Erst später wurden Gummireifen für Autos und Fahrräder erfunden.

Wie kommt ein Erfinder auf eine Idee?

Ein Erfinder holt sich hier und da Anregungen, zum Beispiel aus der Tier- und Pflanzenwelt, aus anderen Ländern oder aus der Vergangenheit. Die wenigsten Jdeen fallen einfach so vom Himmel.

● Da Klettensamen hakenförmig gebogene Spitzen haben, bleiben sie leicht haften. Ein findiger Jngenieur setzte diese Entdeckung um und entwickelte den Klettverschluss.

Wer erfand den Lippenstift?

Wissenschaftler veröffentlichten 1915 eine kleine Erfindung, die große Erfolge feierte: Einen cremig weichen Buntstift in einer Hülle, den man herausdrehen und damit im Nu benutzen konnte – den ersten Lippenstift.

● Die Frauen im Alten Ägypten kannten zwar keinen drehbaren Lippenstift, ihre Lippen schminkten sie aber auch damals. Sie mischten dafür goldgelbe Tonerde mit Baumsaft.

Wer trug Zahnersatz aus Nilpferdzähnen?

Vor rund 2 500 Jahren fertigten unsere Vorfahren aus Elfenbein oder Knochen dritte Zähne. Neben menschlichen Knochen waren auch Nilpferdknochen gebräuchlich. Leider wurden die falschen Zähne schnell braun und verfaulten.

● Vor der Erfindung des Lippenstifts kam die Farbe aus der Dose. Die bunte Palette aus Pasten war mit Pflanzenfarbstoffen wie Grapefruitsaft getönt.

● Ein französischer Friseur vernetzte eine Videokamera mit einem Computer und konnte so seinen Kunden zeigen, wie sie mit einer ganz neuen Frisur aussehen würden!

Wer erfand das Pflaster?

Earl Dickson erfand das Pflaster für seine Frau, die sich häufig bei der Küchenarbeit schnitt. Er heftete kleine Stoffschnipsel an ein Stück Klebeband und bedeckte alles, damit der Klebstoff nicht austrocknete. Wenn seine Frau sich nun verletzte, konnte sie schnell ein Pflaster aufkleben.

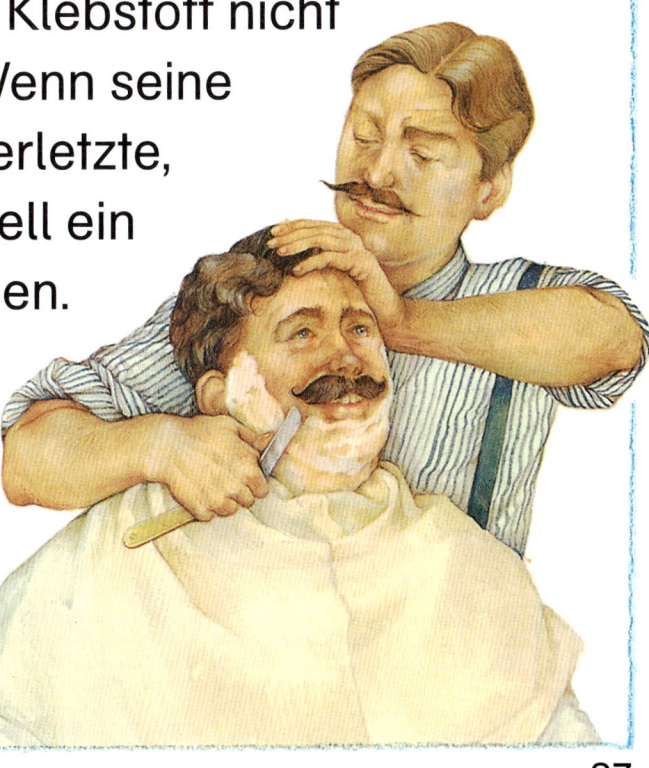

● Bevor King Camp Gillette 1895 die sicheren Rasiermesser erfand, rasierten sich die Männer mit großen, scharfen Klingen – und hofften, dass sie nicht abrutschten!

Wo gab es das erste Wasserklosett?

Vor vierhundert Jahren baute Sir John Harrington für seine Großmutter, Königin Elizabeth I., die erste Toilette mit einer Wasserspülung. Da damals aber kaum ein Haushalt über Wasserleitungen verfügte, blieb der Nachttopf weiterhin in Gebrauch.

● Das Problem bei dieser Dusche aus dem 19. Jahrhundert war, dass man das Wasser selbst mit den Füßen pumpen musste. Kein Wunder, dass sich dieses Modell nicht durchsetzte!

● Vor rund 100 Jahren waren Wasserklosetts Luxus. Häufig waren sie wunderschön verziert – mit Obst, Blumen, Tieren oder Muscheln.

Wann gab es die ersten Bäder?

Jn der Antike wusste man ein Bad sehr wohl zu genießen. Doch mit der Zeit kamen Bäder aus der Mode und viele Leute wuschen sich sogar nie. Sie benutzten Parfüms, um den Körpergeruch zu überdecken.

● Die ersten Zahnbürsten fertigten die Chinesen vor rund 500 Jahren aus Schweineborsten. Zum Glück für die Schweine wurde in den 1930er Jahren die Nylonbürste erfunden!

Wie halfen Pferde beim Staubsaugen?

Der erste Staubsauger wurde von Pferden gezogen! Man stellte ihn wegen des stinkenden Benzinmotors auf einen Pferdewagen vor das Haus und saugte den Schmutz über Rohre durch die Fenster hinaus. Das war ein Riesenspektakel, zu dem man gerne Freunde einlud.

Wer erfand die Regenjacke?

Die erste wasserdichte Jacke fertigte Charles Macintosh 1823. Eine Gummilage, die er zwischen zwei Baumwollbahnen vernähte, machte den Stoff wasserfest. Die Jacken ließen zwar keine Nässe durch, waren aber tonnenschwer und rochen scheußlich, wenn sie nass wurden!

● Regenkleidung ist heute vor allem aus PVC, einem Plastik verstärkten Material, das in vielen Farben hergestellt werden kann.

● Jn Schottland regnet es so oft, dass die Bauern in den Bergen sogar ihren Schafen Regenmäntel kaufen.

Warum haben Reißverschlüsse Zähne?

Ohne Zähne könnte man einen Reißverschluss weder auf- noch zuziehen. Mit einem Schieber werden die beiden Zahnreihen ineinander oder auseinander gezogen. Der Reißverschluss wurde 1891 erfunden.

● Die ersten Jeans machte Levi Strauss als Arbeiterhose für die Goldsucher in Amerika. Das strapazierfähige, blaue Baumwollgewebe, das man heute Denim nennt, wurde ursprünglich zur Herstellung von Zelten verwendet.

Macht Kleidung fit?

Heute kann man Strumpfhosen kaufen, die voller Vitamine stecken, wie sie sonst nur in frischem Obst und Gemüse vorhanden sind, und die Gesundheit fördern.

● Das Gummiband erfand Thomas Hancock 1820. Er wollte damit Taschen umsäumen, um Langfinger fernzuhalten. Erst später kam man darauf, dass es auch als Hosenträger zu gebrauchen ist.

Wie kühlte man früher Lebensmittel?

Der elektrische Kühlschrank wurde 1920 erfunden. Davor bewahrte man Lebensmittel im „Eisschrank" auf, einem Speiseschrank aus Holz. Eisblöcke kühlten den Schrank.

● Coca-Cola war ursprünglich keine sprudelnde Brauselimonade, sondern ein Sirup, den der amerikanische Apotheker John Pemberton 1885 braute. Erst später wurde Mineralwasser hinzugefügt.

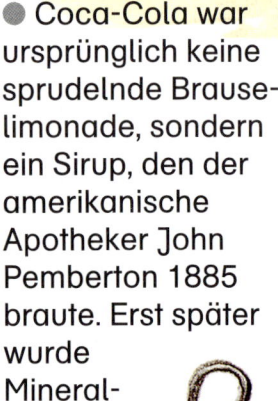

Wer röstete die Cornflakes?

Die Brüder Will und John Kellogg erfanden die Cornflakes aus purem Zufall, als sie eine neue Brotsorte testen wollten. Sie vergaßen den Weizen dazu zu geben, was zur Folge hatte, dass die Masse beim Ausrollen zu Bröseln zerfiel. Sie rösteten die Brösel und kosteten – himmlisch!

● Der Eismann kam mehrmals pro Woche und lieferte riesige Eisblöcke für den Eisschrank.

● Früher bauten die Menschen natürliche Kühlschränke, indem sie Höhlen und Gruben im Winter mit einer dicken Schneedecke auslegten. Diese Eishäuser dienten während der Sommermonate als Kühllager für Lebensmittel.

● 1853 wurden die Kartoffelchips erfunden, als ein Gast in einem Restaurant extra dünne Pommes frites bestellte.

Wer erfand den Strohhalm?

An einem heißen Sommertag bastelte Marvin Stone den ersten Trinkhalm aus Papier. Jhm war aufgefallen, dass kaum einer an sein Glas fasste, um das Getränk nicht zu erwärmen. Stattdessen schlürfte man sein Getränk durch einen hohlen Grashalm.

Woher kommt der Name Teddybär?

Teddybären sind nach dem amerikanischen Präsidenten Theodore Roosevelt benannt, der den Kurznamen Teddy trug. Eines Tages brachte er es auf der Jagd nicht übers Herz, ein Bärenjunges zu töten. Das brachte einen Süßwarenhändler auf eine Jdee: Er gab seinen Laden auf und fertigte fortan Plüschbären, die er Teddy nannte.

● Bausteine wie Lego oder Duplo sollen Kinder zum kreativen Spielen anregen. Mit den vielen verschiedenen Bausätzen sind der Phantasie keine Grenzen gesetzt.

● Karten spielen wurde vor über 1 000 Jahren in Asien erfunden.

Welches Spielzeug ist 6 000 Jahre alt?

Das älteste Spielzeug überhaupt ist vermutlich die Puppe. Die Kinder im Alten Rom spielten mit Puppen, die sie aus Lumpen bastelten. Puppen wurden aus verschiedenen Materialien gefertigt – aus Holz, Wachs, Papier, Porzellan und Plastik.

● Barbie war 1959 die erste Puppe, die einem Frauenkörper nachgebildet war.

Wann gab es die ersten Heimcomputerspiele?

Die ersten Spiele für den Heimcomputer kamen 1974 auf den Markt. Verglichen mit heutigen Spielen waren sie noch nicht sonderlich spannend: Man spielte mit einem Schläger einen Ball hin und her.

Wer punktet mit Korbwürfen?

Die ersten Basketballspieler verwendeten alte Obstkörbe als Tore. Das Spiel erfand der Trainer James Naismith vor rund 100 Jahren, als er sich ein spannendes Hallenspiel für kalte Winterabende ausdachte.

Warum sind Sportschuhe elastisch?

Sportschuhe haben elastische Sohlen aus Gummi mit kleinen Luftkammern. Bei jedem Schritt wird der Gummi zusammengedrückt und wieder abgefedert. Das unterstützt die Bewegung und man kann schneller rennen.

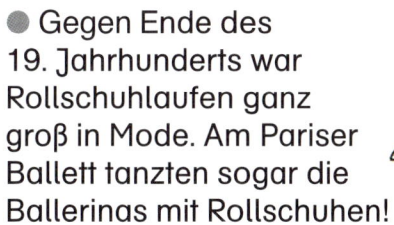

● Gegen Ende des 19. Jahrhunderts war Rollschuhlaufen ganz groß in Mode. Am Pariser Ballett tanzten sogar die Ballerinas mit Rollschuhen!

● Früher mussten die Basketballspieler auf eine Leiter steigen, um den Ball nach einem Treffer aus dem Korb zu holen. Heute ist das Korbnetz unten offen.

Wer erfand Schlittschuhe für den Sommer?

Bevor es Kunsteisbahnen gab, konnte man nur im Winter und im Freien Schlittschuh laufen. Dann hatte jemand die Jdee, Schlittschuhe für den Sommer zu bauen. Anstatt der Kufen wurden kleine Räder auf die glatte Sohle montiert und fertig war der Rollschuh!

● Der Jet-Ski kam erstmals 1979 in Japan auf den Markt. Jet-Skifahrer dürfen auf keinen Fall in die Nähe von Badenden kommen. Die neuesten Modelle erreichen Geschwindigkeiten von bis zu 105 Stundenkilometern.

Wie sahen die ersten Autos aus?

Die ersten Autos waren Dampfmaschinen auf Rädern – dröhnende Ungetüme, vor denen man richtig Angst bekommen konnte. Doch bald fuhren die Dampfautos schneller und waren wendiger. Rund 30 Jahre lang waren sie in Gebrauch, bis sie von schnelleren Autos mit Benzinmotoren abgelöst wurden.

● Jn den 1930er Jahren konnte ein Flugzeug höchstens 20 Passagiere an Bord nehmen. Jn den Jumbojets der 1970er Jahre fanden bis zu 500 Menschen Platz und bald werden in den neuen Superjumbos 850 Passagiere reisen können.

Welches Schiff wird von Luft getragen?

Das Luftkissenfahrzeug wurde 1959 von Christopher Cockerell erfunden. Er entdeckte, dass ein Schiff durch ein Luftkissen über die Wellen gehoben wird und so viel schneller vorwärts kommt.

● Das Hochrad wurde in den 1860er Jahren erfunden. Es hatte zwei Räder – ein sehr großes Vorderrad und ein winzig kleines Hinterrad.

● Jeder weiß, dass Sicherheitsgurte zum Anschnallen da sind. Aber wusstest du auch, dass du damit deinen Hund oder deine Katze absichern kannst? Also – bitte anschnallen!

● Die ersten Autos durften nicht schneller als drei Stundenkilometer fahren! Außerdem musste vor dem Auto ein Fahnenträger gehen, um andere Verkehrsteilnehmer zu warnen.

Welche Räder haben Segel?

Die schnellsten Rennräder haben Kompakträder und einen flachen Rahmen, was die Wirkung eines Segels erzeugt. Während des Fahrens fangen Räder und Rahmen den Wind ein und schieben das Rad an. Doch der Großteil der Kraft überträgt sich nach wie vor über die Pedale.

Passen 1000 Bücher in eine Tasche?

Auf einer CD-ROM – einer kleinen Plastikscheibe, die nicht dicker als ein Fingernagel ist und problemlos in eine Tasche passt – ist Platz für rund 1000 Märchenbücher. Die CD-ROM speichert Wort, Bild und Ton, kann aber nur über einen Computer abgespielt werden.

● Die alten Ägypter gehörten zu den ersten Völkern, die mit Tinte schrieben – einem Gemisch aus Ruß und klebrigem Baumsaft.

● Wie die Dinosaurier werden bald auch die Schreibmaschinen ausgestorben sein. 1873 waren sie die Neuerfindung schlechthin. Heute jedoch werden sie fast alle durch PCs und Textprogramme ersetzt.

● Filzstifte kamen 1962 in Japan auf den Markt. Sie sollten zu einer schöneren Handschrift verhelfen – wie Pinselstriche in der japanischen Kalligrafie.

● Moderne Taschenrechner rechnen heute schneller, als man Zahlen eingeben kann. Sie sind so leistungsstark wie die riesigen Computer der 1960er Jahre.

Welcher Computer war so groß wie ein Bus?

Der erste Computer war vier Mal so lang wie ein Bus und trug den Namen „Koloss". Er wurde in Großbritannien gebaut und 1943 in Betrieb genommen. Er wurde während des Krieges dazu eingesetzt, militärische Geheimcodes zu knacken.

Wer war Herr Biro?

1938 erfand Ladislao Biro den Kugelschreiber. Die Tinte fließt durch eine Mine zu einer Schreibspitze mit einer frei beweglichen Kugel und wird so gleichmäßig auf das Papier aufgetragen. Biro nannte seine Erfindung Kugelschreiber, doch in manchen Ländern heißt der Stift Biro!

Wie lange dauert ein Foto?

● Gegen Ende des 19. Jahrhunderts dauerte eine Fotoaufnahme so lange, dass die Posierenden eine Sitzstütze brauchten, um still halten zu können!

1822 gelang dem Franzosen Joseph Niépce die erste Fotografie. Erst nach einer Belichtungszeit von acht Stunden wurde das Bild auf einer beschichteten Zinnplatte sichtbar. Die Aufnahme zeigte die Aussicht aus seinem Arbeitszimmer.

● Moderne Sofortbild-Kameras entwickeln ein Bild in Sekundenschnelle – für Niépce damals unvorstellbar!

Rosarotes Fernsehen?

Auf dem ersten Fernseher flimmerte das Bild leuchtend rosa und verschwommen! Kein Wunder, denn der Erfinder, John Logie Baird, baute das Gerät aus Krimskrams zusammen – darunter eine Fahrradlampe und eine Stricknadel.

● Das kleinste Radio der Welt ist ungefähr so groß wie eine Erbse.

Wer erfand den Walkman?

Ein Walkman ist ein kleiner Stereorekorder mit Kopfhörern, der so leicht ist, dass man ihn überall mit hin nehmen kann. Die Elektronik-firma Sony entwickelte ihn 1979 in Japan.

● 1878 wurden in einer amerikanischen Kleinstadt die ersten Telefone an ein Netz angeschlossen. Damals konnten anfangs nur 20 Haushalte miteinander telefonieren.

Wie erlebt man virtuelle Welten?

Wenn du einen Datenhelm für virtuelle Welten aufsetzt, betrittst du eine Phantasiewelt. Du kämpfst gegen einen Dinosaurier oder bist bei Außerirdischen zu Besuch. Alles wirkt echt, doch in Wirklichkeit erlebst du eine vom Computer erzeugte Welt.

● Wenn du die Knöpfe in einem speziellen Datenhandschuh drückst, verändert der Computer die Bilder, die du siehst und die Töne, die du hörst.

● Jeder kann ein Erfinder sein! Was würdest du gerne erfinden?

● Wissenschaftler machen Versuche mit Obst und Gemüse, um praktische und leckere Lebensmittel zu erzeugen. Vielleicht gibt es ja eines Tages viereckige Tomaten, die man einfach in ein Regal stapeln kann.

Gibt es auf dem Mars Insekten?

Noch nicht, aber vielleicht bald. Wissenschaftler sind dabei, Roboter zu entwickeln, die den Mars und andere Planeten erforschen sollen. Die Roboter haben sechs Beine, sehen aus wie riesige Jnsekten und sind auf Nahrungssuche programmiert. Die Nahrung ist allerdings nicht für sie bestimmt, sondern für uns Menschen – falls wir je auf dem Mars leben sollten!

● Vielleicht haben bald alle Autos einen Computer, der die Fahrtroute errechnet, Staus auf der Strecke meldet und eine Ausweichstrecke vorschlägt.

Die Pflanzenwelt

Was ist eine Pflanze?

Pflanzen sind Lebewesen. Es gibt sie in allen Formen und Größen, von winzigen Wasserpflanzen bis hin zu mächtigen Bäumen. Pflanzen unterscheiden sich von Tieren in einem wichtigen Punkt: Sie können aus Sonnenlicht Nahrung für sich selbst herstellen. Tiere brauchen dagegen andere Lebewesen, um sich von ihnen zu ernähren.

Wo wachsen Pflanzen?

Auf der Erde gibt es rund 380000 Pflanzenarten, und sie wachsen fast überall – in Feldern, Wäldern, Wüsten und Gebirgen. Pflanzen brauchen Luft, Sonnenlicht und Wasser zum Leben. An völlig dunklen oder trockenen Orten gedeihen sie daher nicht.

● Alle Nahrung auf unserer Welt stammt ursprünglich aus Pflanzen. Ob du ein Ei, Wurst oder Käse verspeist, ist ganz egal. Ohne Pflanzen könnte kein Tier diese Lebensmittel erzeugen.

Sind Pflanzen lebendig?

Pflanzen sind genauso lebendig wie du. Um zu wachsen, brauchen sie Luft, Nahrung und Wasser, und sie können viele neue Pflanzen ihrer Art hervorbringen. Steine und Felsen dagegen sind nicht lebendig. Sie brauchen keine Nahrung, wachsen nicht und bekommen keine Nachkommen.

● Seeanemonen und Korallen sehen zwar aus wie Pflanzen, tatsächlich sind sie aber Tiere.

Warum haben Bäume Blätter?

Blätter erhalten die Bäume am Leben. Sie sind die Nahrungsmittelfabrik des Baumes. Die Blätter enthalten einen grünen Farbstoff – das Chlorophyll. Das Chlorophyll nutzt Wasser, Sonnenlicht und das in der Luft enthaltene Kohlendioxid, um daraus zuckerhaltige Nahrung zu machen. Als süßer, klebriger Pflanzensaft gelangen die Nährstoffe in alle Teile des Baumes.

● Hast du schon einmal auf einem Grashalm gekaut? Dann weißt du, wie süß der Pflanzensaft schmeckt. Das wissen auch hungrige kleine Raupen – und deshalb fressen sie Blätter!

Warum verlieren manche Bäume im Herbst ihre Blätter?

Viele Blätter sind im Frühjahr und Sommer nützlich. Während der sonnenreichen Tage baut die Pflanze im Blattgrün Nährstoffe auf. Wenn die Tage kürzer werden, bleibt weniger Zeit, Nahrung herzustellen und der Baum muss von seinen Vorräten leben. Er wirft die Blätter ab.

● Die Art und Weise, wie Pflanzen in ihren Blättern Nahrung bilden, nennt man Photosynthese. Während der Photosynthese nimmt eine Pflanze Kohlendioxid aus der Luft auf und gibt Sauerstoff ab – ein Gas, das für uns alle lebensnotwendig ist.

● Bäume, die im Herbst ihre Blätter verlieren, nennen wir Laubbäume. Jmmergrüne Pflanzen haben robuste Blätter, die den Winter überstehen können. Auch diese Bäume verlieren ihre Blätter, allerdings nicht alle auf einmal.

Warum werden im Herbst die Blätter bunt?

Das Chlorophyll lässt die Blätter grün aussehen. Jm Herbst aber schwindet das Chlorophyll und damit auch die grüne Farbe. Darunter kommen die anderen Farben der Blätter zum Vorschein – wunderschöne rote, gelbe und goldene Farbtöne.

Warum werden Wurzeln so lang?

Lange Wurzeln verankern eine Pflanze fest im Boden, damit sie an stürmischen Tagen nicht umfällt. Und sie übernehmen noch eine andere Aufgabe: Sie breiten sich nach allen Richtungen aus und nehmen Wasser und wertvolle Nährsalze aus dem Boden ringsherum auf. Die Wurzeln leiten dann die Mineralien nach oben in die Blätter.

● Tobt ein Sturm besonders stark, kann er manchmal Bäume entwurzeln. Wenn ein Baum krachend zu Boden fällt, werden die Wurzeln aus dem Erdboden gerissen.

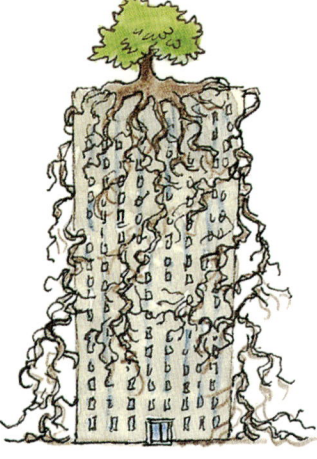

● Die Wurzeln mancher wilden Feigenbäume in Südafrika reichen bis zu 120 Meter tief in den Boden hinein. Würde man so einen Baum auf ein vierzigstöckiges Gebäude stellen, würden seine Wurzeln bis zum Boden gelangen.

● Am Ende der Wurzeln befinden sich winzige Wurzelhaare, die sich in kleine Zwischenräume in der Erde schieben.

● Sonnenblumen wachsen nicht nur dem Licht entgegen, ihre Blüten folgen auch dem Lauf der Sonne. Während die Sonne über den Himmel wandert, drehen sich die Blütenköpfe mit.

Warum sind die Stängel gerade?

Eine Pflanze muss ihre Blätter zum Sonnenlicht wenden, damit sie Nahrung herstellen können. Viele Pflanzen wachsen hoch hinauf und bilden gerade Stängel aus, um ihre Nachbarn zu über- ragen und so mehr Licht zu bekommen.

● Nicht alle Pflanzen haben gerade Stängel. Bei einigen biegt und ringelt er sich, rankt dem Licht entgegen und klettert dabei über benachbarte Pflanzen.

Welche Pflanzen wachsen im Wasser?

Die Riesenseerose Victoria wächst in Südamerika. Jhre Wurzeln reichen tief in den Boden. Jhre gewaltigen Blätter schwimmen auf der Wasseroberfläche. Hier können sie am besten Sonne tanken! Um andere Pflanzen abzudrängen, rollen sich die Blätter am Rand nach oben ein.

● Die Blätter der Riesenseerose wachsen an langen, kräftigen Stängeln. Sie sind so stabil, dass ein Kleinkind darauf sitzen könnte, ohne unterzugehen.

Welche Pflanzen sind am kleinsten?

Manche Algen werden riesengroß, aber es gibt auch Arten, die so klein sind, dass man sie nur unter dem Mikroskop erkennen kann. Die kleinsten Pflanzen, Phytoplankton, treiben in den Meeren. Sie sind so winzig, dass Wale mit jedem Schluck Wasser Millionen davon auffangen!

● Die Blätter und Wurzeln der Wasserpflanzen bieten vielen Tieren Nahrung und Schutz. Doch sie eignen sich auch sehr gut als Versteck für Beute suchende Tiere.

Wachsen Wälder auch im Meer?

In Amerika gibt es riesige Tangwälder vor der kalifornischen Küste. Tang ist eine Braunalge, die sich unterhalb der Wasseroberfläche an Felsen heftet und bandartige Stängel austreibt. Manche der Stängel werden bis zu 200 Meter lang – das ist so lang wie acht Schwimmbecken.

● Nicht alle Wasserpflanzen verankern ihre Wurzeln im Seegrund. Manche Meerespflanzen treiben auch im Wasser, denn sie haben kleine Luftspalten in den Blättern, die wie ein Schwimmring wirken.

Welche Pflanze frisst Fleisch?

Die Venusfliegenfalle zum Beispiel. Wenn ein Jnsekt auf dieser Pflanze landet, erlebt es eine böse Überraschung! Sobald es die Härchen am Ende eines Blattes berührt, schnappt die Falle zu: Das Blatt umschließt das Jnsekt und zerquetscht es zu einem Brei, den die Pflanze aufnimmt.

● Wasserschlauch ist eine Fleisch fressende Pflanze, die unter Wasser lebt. Die Blätter sind mit Fangblasen ausgestattet, die vorbeischwimmende Tiere einsaugen.

● Wusstest du, dass Fliegenfänger zählen können? Wenn ein Jnsekt zum ersten Mal ein Härchen am Blattende berührt, bleibt die Falle offen. Berührt es das Härchen aber zum zweiten Mal, schnappt die Falle zu.

1, 2, 3 ...

... stellt Insekten eine Falle?

Kannenpflanzen haben ungewöhnliche, becherförmige Blätter und locken ihre Opfer mit süßen Düften. Doch die Blätter sind spiegelglatte Fallgruben. Wenn ein Jnsekt über den Becherrand krabbelt, rutscht es in die Kanne und ertrinkt im Saft am Kannenboden.

● Viele Fleisch fressende Pflanzen wachsen auf feuchtem Moorboden, der sehr nährstoffarm ist. Sie müssen ihre karge Nahrung durch tierische Leckerbissen ergänzen.

... lockt mit Glitzertröpfchen?

Die Blätter des Sonnentaus sind mit feinen Härchen bedeckt, an denen klebrige Tröpfchen glitzern. Landet ein Jnsekt darauf, bleibt es kleben und verfängt sich in den Tröpfchen. Das Blatt faltet sich um das Tier, umschließt es und löst es in eine Art Fleischsuppe auf, die die Pflanze aufschlürft.

Warum haben Pflanzen Blüten?

Viele Pflanzen haben bunte, duftende Blüten, die Jnsekten und andere Tiere anziehen. Die Besucher laben sich am süßen Nektar in den Blüten und nehmen unbemerkt Pollen auf, feinen Blütenstaub, den sie zur nächsten Blüte weitertragen. Reibt sich der Pollen an dieser Blüte ab, kann sie Samen ausbilden.

● Diese Pflanze heißt Kussmund – kein Wunder! Das leuchtend rote Muster auf ihren Blättern lockt viele Besucher zu den winzigen Blüten.

● Viele Bäume und Gräser verbreiten ihren Pollen mit dem Wind. Sie müssen keine Bestäuber anlocken und brauchen daher auch keine leuchtenden Blüten.

● Pollenüberträger wie die Fledermaus haben eigentlich nicht vor, sich mit Pollen zu bekleckern. Doch die Kaktusblüte ist so geformt, dass die Fledermaus gar nicht anders kann!

Wer trickst Bienen aus?

Die Blüten der Bienenorchidee sehen wie eine weibliche Biene aus und duften auch so. Männliche Bienen schwärmen heran, um sich zu paaren – aber ... reingefallen! Die Pflanzen brauchen nur Postboten, die Pollenpäckchen abholen und zu benachbarten Orchideen bringen.

● Jm Sommer fliegen manchmal so viele Pollen durch die Luft, dass einige Menschen niesen müssen. Die Armen! Dabei sind sie gar nicht erkältet. Sie haben Heuschnupfen.

Welche Blume stinkt?

Die Blüte des Drachenwurz stinkt wie fauliges Fleisch! Schmeißfliegen aber lieben das. Diese Fliegen legen ihre Eier normalerweise in verwesende Tierkörper. Der Geruch der Pflanze täuscht sie und so krabbeln sie in die Blüte hinein, legen dort ihre Eier ab und nehmen dabei Pollen auf.

Warum ist Obst so süß und saftig?

Pflanzen bringen leckere Früchte hervor, die die Tiere fressen. Jn jeder Frucht befinden sich Samen. Die Tiere schlucken mit der Frucht auch die Samen. Diese wandern durch den Körper und fallen mit dem Tierdung auf den Boden. Jn so gutem Dünger wachsen bald neue Pflanzen heran!

● Bestimmt hast du schon Samen durch die Luft segeln sehen: Löwenzahnsamen schweben wie kleine Fallschirme sanft zu Boden. Ahornsamen haben Flügel, mit denen sie auf die Erde herabkreiseln.

● Der Krallenaffe ist in den Regenwäldern Südamerikas zu Hause. Er ernährt sich hauptsächlich von Früchten, besonders von Feigen.

Welche Pflanze schießt aus der Hüfte?

Die im Mittelmeerraum heimische Spritzgurke verbreitet ihre Samen auf ausgefallene Weise. Während die Frucht reift, füllt sie sich mit einem schleimigen Saft. Mit jedem Tag wird die Frucht draller, bis sie platzt und den Samen weit in die Luft schleudert.

Welche Samen segeln davon?

Kokospalmen wachsen nahe am Meer und so fallen die reifen Kokosnüsse oft ins Wasser. Geschützt von ihrer harten Schale treiben sie auf die See hinaus. Nach einiger Zeit werden sie wieder an den Strand gespült, wo sie keimen.

● Früchte gibt es in allerlei Farben, aber die meisten Tiere scheinen rote am liebsten zu mögen.

Was wird vergessen?

Viele Tiere ernähren sich von Eicheln, der Frucht der Eiche. Eichhörnchen vergraben jedes Jahr im Herbst ein paar davon im Boden, um sie im Winter, wenn Nahrung knapp ist, zu vernaschen. Oft vergessen die Tiere allerdings, wo sie ihren Vorrat versteckt haben. Und so wachsen im Frühling neue Eichenbäume.

Wann beginnt ein Samen zu wachsen?

Jn jedem Samen steckt der Keim einer neuen Pflanze. Dieser beginnt zu wachsen, wenn der Boden warm und feucht ist. Zunächst ernährt sich die Pflanze vom Nahrungsvorrat im Samen. Sobald sich die Blätter öffnen, stellt die Pflanze ihre Nahrung selbst her.

● Der Samen des Rosskastanienbaumes hat eine kräftige braune Schale. Diese fault im Winter ab und im Frühling sprießt eine junge Pflanze hervor.

1 Der Bohnensamen quillt durch Wasser auf und platzt. Eine Wurzel wächst heraus.

2 An den Wurzelzweigen bilden sich winzige Härchen.

3 Ein Schössling keimt hervor und wächst dem Licht entgegen.

Entstehen alle Pflanzen aus Samen?

Erdbeerpflanzen brauchen eigentlich keine Samen zur Vermehrung. Sie treiben Schösslinge, die man Ausläufer nennt. Wenn diese den Boden berühren, bilden sie neue Wurzeln, Blätter und Stängel – eine neue Pflanze entsteht.

Die Coco-de-Mer-Palme ist die Pflanze mit dem größten Samen der Welt. Er wiegt gut 20 Kilogramm – so viel wie ein großer Sack Kartoffeln.

Welche Pflanze wächst am schnellsten?

Bambusrohr ist die am schnellsten wachsende Pflanze auf der Welt. Manche Arten wachsen an einem Tag fast einen Meter. Bei diesem Tempo würden sie in einer einzigen Woche bis zum Dach eines zweistöckigen Hauses reichen!

4 Der Schössling bringt Blätter hervor. Jetzt kann der neue Bohnenableger seine Nahrung selbst herstellen.

Ein Zykadeen-Baum in Mexiko hält den Rekord als die am langsamsten wachsende Pflanze. Nach 120 Jahren war er erst zehn Zentimeter hoch.

Warum haben Bäume Dornen?

Bäume wie die Akazie haben spitze Dornen, um Pflanzen fressende Tiere fern zu halten. Aber das schützt sie nicht immer. Ziegen, Kamele und Giraffen zum Beispiel haben unempfindliche Lippen und Mäuler und lange, bewegliche Zungen, mit deren Hilfe sie um die Dornen herum kommen.

● Die Blätter an den unteren Eibischzweigen sind die dornigsten. Das soll Tiere abhalten, sie anzuknabbern. Weiter oben sind die Blätter außer Reichweite und deshalb viel weniger stachelig.

Warum brennen Brennnesseln?

Berührt man eine Brennnessel, erzeugt das einen brennenden Schmerz. Auf diese Weise will sich die Pflanze schützen. Jedes Blatt einer Brennnessel trägt zahlreiche Brennhärchen. Berührt ein Tier die Härchen, ergießt sich ein Gift, das Schmerz verursacht. Au! So ein Blatt will das Tier bestimmt nicht mehr fressen.

Was sind lebende Steine?

● Wolfsmilch ist eine giftige Pflanze, doch den Raupen des Chrysippusfalters bekommen sie ausgezeichnet. Sie werden dadurch selber giftig und deshalb nicht von Vögeln gefressen.

Lebende Steine gedeihen in den Wüsten Südafrikas. Sie besitzen zwei dicke, saftige Blätter, die Tieren sehr gut schmecken. Doch die Pflanze schützt sich, indem sie sich tarnt. Jhre Blätter sehen Kieselsteinen so täuschend ähnlich, dass Tiere daran vorbeigehen.

Welche Pflanzen klettern dem Licht nach?

Jm Regenwald bilden die Baumkronen der höchsten Bäume ein dichtes Blätterdach. Kleinere Pflanzen bekommen im Schatten darunter nicht mehr genug Licht. Die Epiphyten oder „Aufsitzerpflanzen" wachsen deshalb auf den Zweigen anderer Bäume. Sie „sitzen auf" und steigen so dem Licht nach.

Welche Pflanze hat ihr eigenes Wasserbecken?

Bromelien sind Epiphyten, die in den Wipfeln der Urwaldbäume wachsen. Sie haben keine Wurzeln, um Wasser aufzunehmen. Wenn es regnet, fängt die Pflanze Regentropfen in einer Mulde in der Mitte ihrer Blätter auf. Diese winzigen Wasserbecken mögen Baumfrösche sehr!

● Jm Regenwald ist es so feucht, dass die Blattspitzen vieler Pflanzen nach unten zeigen. So kann der Regen wie in einer Rinne zum Boden hin ablaufen.

● Lianen sind Kletterpflanzen, die in tropischen Regenwäldern von den Bäumen hängen. Manche Tiere nutzen sie als Seile, um sich daran von Baum zu Baum zu schwingen.

● Nicht alle Epiphyten sammeln Wasser in ihren Blättern. Einige, wie die Orchideen, haben lange Wurzeln, die das Wasser aus der dampfigen Luft wie ein Schwamm aufsaugen.

Welche Pflanzen erwürgen und erdrücken andere?

Der Samen der Würgefeige keimt auf den Zweigen eines Baumes. Dort bilden sich Luftwurzeln, die allmählich die Zweige umwickeln, den Stamm des Wirtsbaumes umwachsen und nach unten streben. Die Würgefeige saugt alle Nährstoffe aus dem Boden und hungert den Wirtsbaum aus, bis er abstirbt.

127

Wie überleben Wüstenpflanzen?

Pflanzen können auch in der Wüste wachsen, aber sie müssen sich anpassen, um zu überleben. Kakteen haben weit verzweigte Wurzeln, die, sobald es regnet, das Wasser aufsaugen. Mit dem Wasser müssen sie manchmal über Monate oder Jahre auskommen. Deshalb speichern sie es in ihrem kräftigen, saftigen Stamm.

● Wüstenpflanzen sind Lebensretter. Schon viele Durst leidende Wüstenreisende haben rettendes Wasser aus dem saftigen Fleisch von Kakteen gesaugt.

Findet man in der Wüste Früchte?

Jn den Wüstengebieten Afrikas und Südostasiens wachsen in der Nähe von Oasen Dattelpalmen, an denen riesige Bündel süßer Datteln baumeln. Die köstliche Frucht wird dort seit über 5 000 Jahren gesammelt.

● Ein Gilaspecht baut sich ein kühles Nest, indem er ein Loch in einen Kaktus höhlt. Wenn er ausfliegt, wartet bereits eine ganze Schar von Vögeln, die alle gerne einziehen möchten!

Gibt es in der Wüste Blumen?

Gänseblümchen, Mohnblumen und viele andere Pflanzen blühen in der Wüste. Jn den heißen Trockenmonaten verwelken sie und sterben ab, aber ihre Samen überleben im Boden. Wenn es regnet, wachsen sie zu neuen Pflanzen heran und in kürzester Zeit bedeckt ein herrlicher Blumenteppich das Land.

Wie entstand aus Pflanzen Kohle?

Vor dreihundert Millionen Jahren gab es riesige Wälder aus Bäumen und Farnen.

Wenn die Pflanzen abstarben, wurden sie im Morast begraben. Während vieler Millionen Jahre wurden die Pflanzen immer weiter nach unten gedrückt und zusammengepresst. Dadurch wandelten sie sich zu schwarzem Gestein, zu Kohle.

● Die Kohle, die wir heute verbrennen, stammt von Pflanzen, die noch vor den Dinosauriern gelebt haben.

● Shampoo, Parfüm, Bademilch und Creme werden aus lieblich duftenden Pflanzen hergestellt. Deshalb duftest du so gut!

● Jn manchen Ländern fahren die Autos mit Kraftstoffen aus Mais, Kartoffeln oder Zuckerrohrpflanzen.

● Die Korken auf den Weinflaschen werden aus der Rinde der Korkeiche gemacht.

● Viele Arzneimittel, die wir in der Apotheke kaufen, sind aus Pflanzen hergestellt.

APOTHEKE

● Aus Kautschuk lassen sich allerlei nützliche Dinge herstellen. Kautschuk wird aus dem klebrigen Milchsaft des Gummibaumes gewonnen.

Wie können wir Pflanzen nutzen?

Pflanzen liefern uns den lebensnotwendigen Sauerstoff und Nahrung. Zudem lassen sich aus Pflanzen viele nützliche Dinge herstellen, wie Papier, Kleidung oder Medizin. Jahr für Jahr entdecken Wissenschaftler neue Pflanzen und neue Methoden, sie zu nutzen. Hilf mit, unsere Pflanzen zu schützen!

Baum-wolle

Flachs

● Die weichen Samenhaare der Baumwollpflanze werden zu Baumwollgarn versponnen. Leinen wird aus den Stängeln der Flachspflanze gewonnen.

131

Kommunikation

Warum kommunizieren wir?

Bei der Kommunikation geht es um den Austausch von Jnformationen. Würden wir unser Wissen nicht mitteilen, müssten wir alles aus eigener Erfahrung lernen. Zum Beispiel, dass man sich an Feuer verbrennen kann. Ohne Verständigung könnten wir viele Fertigkeiten nicht erwerben, wie etwa das Lesen. Vor allem aber wird unser Leben schöner, wenn wir Erlebnisse mit anderen teilen.

● Bilder eignen sich hervorragend, um etwas zu erklären. Auch Menschen, die nicht lesen können oder eine andere Sprache sprechen, verstehen sie.

● Wir können unsere Bedürfnisse auch schon ausdrücken, bevor wir sprechen können.

Wie kommunizieren wir?

● Nimm eine Dose, fülle sie mit Gegenständen der heutigen Zeit, verschließe sie gut und vergrabe sie irgendwo. Vielleicht gräbt jemand deine Zeitkapsel in ferner Zukunft aus und kann damit ein lebendiges Bild der Vergangenheit zusammensetzen.

Wenn wir uns mit unserem Gegenüber verständigen wollen, benutzen wir Stimme und Körpersprache. Wohnt jemand weiter weg, können wir mit ihm telefonieren oder einen Brief senden. Auch Leute, die wir nicht persönlich kennen, kommunizieren mit uns: über die Bücher, die sie schreiben oder über Fernsehprogramme und Filme, die sie machen.

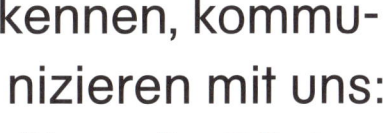

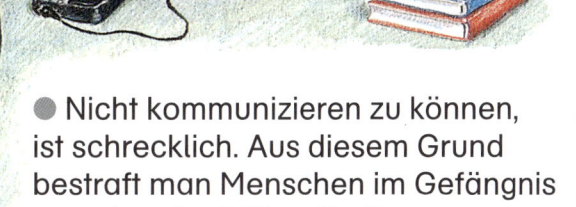

● Nicht kommunizieren zu können, ist schrecklich. Aus diesem Grund bestraft man Menschen im Gefängnis manchmal mit Einzelhaft.

Unterstützen unsere Sinne die Kommunikation?

Äußere Eindrücke nehmen wir mit den Sinnen wahr. Geschmacks-, Tast- und Geruchssinn sagen uns etwas über die Dinge in unserer unmittelbaren Umgebung. Über die Augen und Ohren sehen und hören wir, was weiter weg geschieht.

● Wenn einer unserer Sinne ausgeschaltet ist, wie etwa das Sehen beim Blinde-Kuh-Spielen, nehmen wir andere Sinne zu Hilfe.

● Wenn du dich verletzt, übertragen winzige Nervenenden von der Haut Botschaften in dein Gehirn. Schmerz lehrt uns, eine unangenehme Erfahrung nicht zu wiederholen.

Wie spricht man mit den Händen?

Gehörlose und stumme Menschen benutzen die Zeichensprache zur Verständigung. Manche Zeichen stehen für Buchstaben, aber die meisten Wörter müssen nicht vollständig buchstabiert werden: Für häufig gebrauchte Wörter gibt es ein eigenes Zeichen.

● Ein blinder Mensch braucht jemanden, der ihm seine Augen leiht. Die Ausbildung eines Blindenhundes dauert zwei Jahre. Dann aber bleibt er seinem Herrchen ein Leben lang treu.

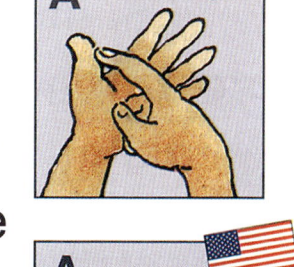

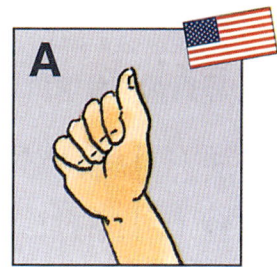

● Es gibt verschiedene Zeichensprachen, so wie es auch viele gesprochene Sprachen gibt. Um amerikanische Zeichen darzustellen, genügt normalerweise eine Hand, für englische braucht man meistens beide Hände.

Wann hat die Nase den besten Riecher?

Jn Gefahrensituationen ist die Nase oft sehr nützlich. Wenn Gas ausströmt, kann man das häufig nicht sehen oder hören, aber riechen. Deine Nase warnt dich auch vor verdorbenen Speisen – rieche nur mal an einer zu alten Milchpackung!

Was sagen wir durch unsere Körperhaltung?

Um sich mitzuteilen, muss man nicht immer reden – man kann auch den Körper einsetzen. Überlege nur einmal, auf wie viele Arten man sich ohne Worte begrüßen kann. Je nachdem, in welchem Land man lebt, begrüßt man sich unterschiedlich: Man winkt sich zu, schüttelt sich die Hand, küsst sich auf die Wangen, umarmt sich innig, reibt die Nasen aneinander oder verbeugt sich voreinander.

Wo ist „nichts" unhöflich?

Wenn du mit Daumen und Zeigefinger einen Ring formst, bedeutet das in Frankreich „nicht wichtig". Doch mit der gleichen Geste gibst du jemandem im Mittleren Osten unfreundlich zu verstehen, dass er Leine ziehen soll! In Japan steht das Zeichen für Geld und in Amerika heißt es „Okay!".

● Wenn man lügt, fasst man sich oft mit der Hand ins Gesicht – als ob man die Lüge, die man ausspricht, verdecken wollte!

● Wenn man vergnügt mit jemandem plaudert, kann es vorkommen, dass man die Bewegungen des anderen nachahmt.

● Jst man nervös, verschränkt man häufig die Arme. Man baut gewissermaßen eine Schranke, um sich zu schützen.

● Man kann sich per Körpersprache begrüßen. Jn Japan ist es höflich, sich beim Gruß zu verneigen. Dabei beugt man die Taille und schließt die Fersen zusammen.

Wann gab es die ersten Bildergeschichten?

Vor über 20 000 Jahren! Jn der Steinzeit malten die Menschen Bilder auf Höhlenwände, um Geschichten zu erzählen – zum Beispiel von der Jagd. Diese Gemälde berichten uns heute darüber hinaus auch davon, dass Steinzeitmenschen aus Erde, Holzkohle und Pflanzen Farbe herstellen konnten.

Was kann uns ein Fenster sagen?

Bunt bemaltes Fensterglas in Kirchen erzählt häufig Geschichten aus der Bibel. Früher konnten nur sehr wenige Menschen lesen, die Bildergeschichten aber – wie etwa die von Noah und der Flut – konnte jeder verstehen.

● Wenn ein Künstler früher ein Portrait malte, gab es auf dem fertigen Bildnis oft weitere Einzelheiten über die gemalte Person zu sehen. Der berühmte Maler Francisco Goya etwa malte sich selbst bei der Arbeit und zeigte somit gleichzeitig die von ihm bevorzugten Pinsel und Farben.

Warum trugen die Ritter Wappen?

Unter ihren Helmen war es unmöglich, die einzelnen Ritter zu erkennen, besonders im Kampfgetümmel! Daher schmückte ein Wappen die Lanze, das Schutzschild und sogar das Pferd jedes Ritters! So war sichergestellt, dass keiner der eigenen Mannen ihn mit dem Feind verwechselte.

● Graffiti-Sprüher werden manchmal beauftragt, ganze Wände zu bemalen, um Stadtviertel schöner zu machen. Aber nicht alle Graffitis gelten als Kunst! Viele Städte geben viel Geld aus, um unerwünschte Graffitis wieder zu entfernen.

Was versteht man unter einer „toten" Sprache?

Eine tote Sprache ist eine Sprache, die niemand mehr spricht. Vor 2000 Jahren sprachen viele Menschen Lateinisch. Latein wird heute zwar noch an Schulen gelehrt, doch nicht mehr im Alltag gebraucht. Die Sprache ist also tot.

Wann gab es die erste Sprache?

Niemand weiß, wie oder wann die ersten Worte entstanden. Zunächst ahmten die Menschen wohl nur die Laute aus ihrer Umgebung nach, wie das Pfeifen des Windes. Aus den Lauten wurden Worte, die die Verständigung erleichterten.

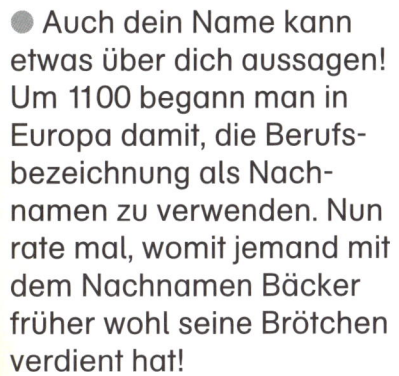

● Auch dein Name kann etwas über dich aussagen! Um 1100 begann man in Europa damit, die Berufsbezeichnung als Nachnamen zu verwenden. Nun rate mal, womit jemand mit dem Nachnamen Bäcker früher wohl seine Brötchen verdient hat!

● Das Leben wäre viel einfacher, wenn alle die gleiche Sprache sprechen würden. Jmmer wieder hat man versucht, eine künstliche Weltsprache zu erfinden. Esperanto ist die bekannteste – mehr als 100 000 Menschen gebrauchen sie.

Verändern sich Sprachen?

Dauernd werden neue Wörter geschaffen. Überlege nur einmal, was wir Menschen in den letzten einhundert Jahren alles entdeckt haben. Seit wir das All erforschen, wurden zum Beispiel Wörter wie Raumschiff, Astronaut und Düsenantrieb neu erfunden.

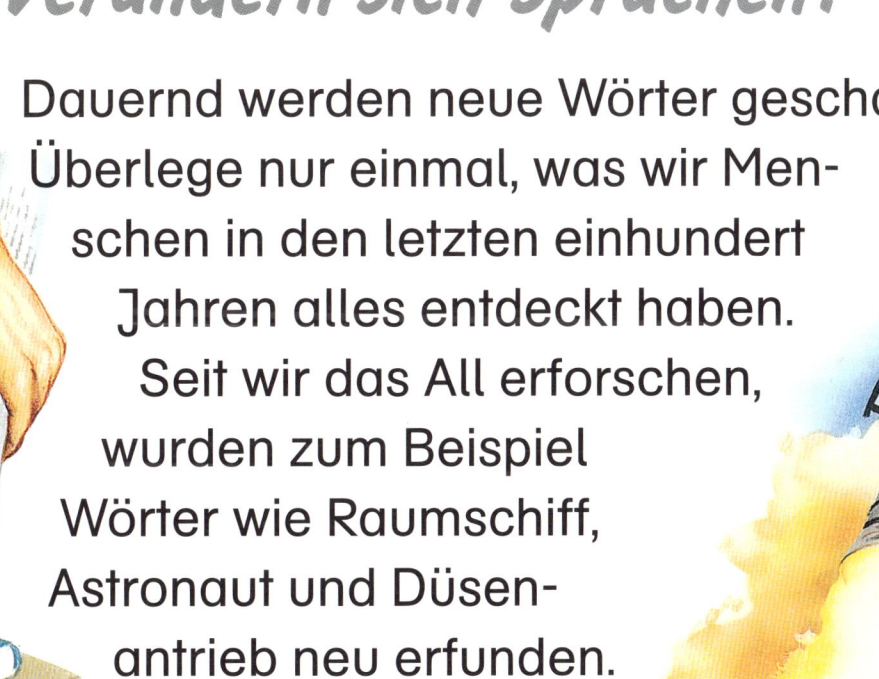

● Ein Sprachsynthetisator ist eine spezielle Maschine für Menschen, die nicht sprechen können. Sie tippen die Wörter, die sie sagen wollen, über eine Tastatur ein und der Synthetisator spricht sie aus.

Wann begann man zu schreiben?

Die erste Schriftsprache wurde vor über 5000 Jahren von den Sumerern erfunden. Sie bestand aus kleinen Bildern, die als Symbole für Gegenstände und Begriffe dienten. Später wurden auch Zeichen für Laute entwickelt. Nun konnte jedes gesprochene Wort geschrieben werden.

Wo benutzte man Pflanzen als Papier?

Jm Alten Ägypten! Die Ägypter schnitten die Stängel der Papyrusstaude, die am Nilufer wächst, in dünne Streifen und pressten sie zu Blättern zusammen. Unser Wort „Papier" kommt von „Papyrus".

● Wahrscheinlich begannen Menschen zu schreiben, um Geld- und Warenaustausch besser zu überblicken.

Wer benutzte „Geheimschrift"?

Die Wikinger benutzten Runen als Schriftzeichen. Das Wort Rune bedeutet „Geheimnis". Vor 1000 Jahren konnten nur wenige Menschen lesen und schreiben. Man glaubte sogar, dass alle, die die Runen entziffern konnten, über Zauberkräfte verfügten.

● Auf einem elektronischen Notizblock kann man wie auf einem ganz gewöhnlichen Block schreiben, man braucht dazu nur einen speziellen Stift. Manche Blöcke speichern deine Eingaben direkt, andere verwandeln deine Handschrift in Druckbuchstaben.

Warum sind Schreibmaschinen zum Verrücktwerden?

Neue Erfindungen machen den Menschen oft Angst. Als 1874 die ersten Schreibmaschinen aufkamen, warnten Ärzte, dass sie einen ganz verrückt machten.

Wie gelangt ein Brief zum Empfänger?

Wenn du einen Brief schreibst, gelangt er zunächst vom Briefkasten zum nächsten Postamt. Dort kommt er zusammen mit anderen Sendungen in einen Postsack für den gleichen Bereich. Der Sack mit deinem Brief wird dann an die Poststelle verschickt, die dem Wohnort des Empfängers am nächsten liegt. Und der Postbote trägt den Brief schließlich aus.

● In abgelegenen Gegenden kommt die Post einmal wöchentlich mit dem Postflugzeug.

● Buffalo Bill war Postbote beim so genannten „Pony-Express", einer Gruppe von schnellen Reitern, die 1860 anfingen, die Post quer durch Amerika zu verteilen. Doch schon ein Jahr später wurde der „Pony-Express" arbeitslos, da man nun Telegramme schreiben konnte.

● Brieftauben werden seit Jahrtausenden als Nachrichten-überbringer eingesetzt. Auch schon im Alten Ägypten!

Warum war ein Brieffreund früher ein teures Vergnügen?

Früher musste der Empfänger seine Post bezahlen – ein teures Vergnügen, wenn man berühmt war! Doch 1840 führte Sir Rowland Hill das heutige Postsystem ein. Von nun an musste der Absender die Zustell-gebühren im Voraus be-zahlen!

● Das Verschicken von elektronischer Post per Computer geht blitzschnell! Jm Vergleich dazu ist der Postweg recht langsam und wird daher scherzhaft „Schneckenpost" genannt.

● Vor rund 2 500 Jahren errichtete Xerxes, König von Persien, eine Ruf-postkette, über die man Nachrich-ten von einer Post zur nächsten rief. Die Nachrichten kamen zwar schneller an als mit Pferd und Reiter – doch wenn der Wind aus der falschen Richtung blies, gab es keine Post!

Wie werden Bilderbücher gedruckt?

Die Bilder in diesem Buch wurden mit nur vier Farben gedruckt – Gelb, Schwarz, Magenta und Cyan. Magenta ist ein roter Farbton, Cyan ein blauer. Beim Drucken wird jede Farbe einzeln auf das Papier aufgetragen. So entstehen verschiedene Mischtöne.

● 1450 erfand Johannes Gutenberg eine neue Druckerpresse mit einzelnen, gegossenen Lettern. Da diese Druckbuchstaben beweglich waren, konnten sie immer wieder verwendet werden. Davor wurden die meisten Bücher per Hand vervielfältigt. Jetzt ging alles viel schneller!

● Wenn du dir diese Seite durch eine Lupe ansiehst, erkennst du, dass alle Farben aus winzigen schwarzen, gelben, magentaroten und cyanblauen Punkten bestehen. Werden sie übereinander gedruckt, vermischen sie sich.

Auf Plakaten kann vieles stehen – Werbung, Gefahren-hinweise oder Hilferufe.

Wie wird eine Zeitung gemacht?

Mit Hilfe unzähliger Menschen! Reporter schreiben über die neuesten Ereignisse und Fotografen liefern die Bilder. Wenn der Verleger entschieden hat, was in die Zeitung kommt, setzen die Layouter Texte und Bilder am Computer zusammen. Am Ende werden die Seiten auf einer Druck-maschine gedruckt und gefalzt.

Fotograf   **Geschichte**   **Reporter**   **Verleger**   **Layouter**   **Drucker**

? Warum klingelt das Telefon?

Es klingelt, damit du weißt, dass dich jemand sprechen möchte! Sobald jemand deine Nummer wählt, klingelt bei dir das Telefon. Antwortest du, wird deine Stimme in Form von elektrischen Signalen durch die Leitung geschickt und dein Gesprächspartner kann dich hören!

● Der Kontakt zu einem Gesprächspartner wird heute automatisch über Computer hergestellt.

● Früher wurden Ferngespräche per Hand vermittelt. Ein Vermittler fragte, mit welcher Nummer man eine Verbindung wünschte, und stöpselte dann die passenden Drähte ein.

Gibt es Kabel aus Glas?

Lichtwellenleiter bestehen aus haarfeinen Glasfasern, die zu Kabeln gedreht werden. Sie dienen als Datenautobahn für die Übertragung von Telefongesprächen oder Fernsehprogrammen. Sie befördern Daten mit Lichtgeschwindigkeit.

● Telefone gibt es in allen Formen und Größen, als winzige Mobiltelefone oder in Form einer Comicfigur. Doch alle müssen zwei Grundbestandteile haben – ein Mikrofon, in das man hineinspricht und einen Hörer, in den man hineinhört.

Was wandert durch die Leitungen?

Auch Bilder oder Texte wandern durch die Leitung. Mit einem Bildtelefon kannst du deinen Gesprächspartner sehen, und mit einem Faxgerät Briefe, Zeichnungen und Fotos verschicken. Auch die elektronische Post der Computer wird über Telefonleitungen verschickt.

● Jn Amerika gibt es über 100 Millionen Telefone. Jn Washington gibt es sogar mehr Telefone als Einwohner!

Wie reisen Daten durch das All?

Satelliten sind Raumfahrzeuge, die die Kommunikation über weite Entfernungen hinweg ermöglichen. Sie senden innerhalb von Sekundenbruchteilen Radio-, Fernseh-, Telefon- oder Computersignale von einem Land ins andere! Sie empfangen Signale von riesigen Schüsseln auf der Erde und leiten sie weiter.

Schutzgehäuse
Ein Gehäuse schützt die empfindlichen Teile des Nachrichtensatelliten vor Sonneneinstrahlung.

Solarzellen
Übertragungssatelliten werden durch Sonnenenergie angetrieben. Sie besitzen Solarzellen, die die Sonnenenergie in Elektrizität umwandeln.

An alle Außerirdischen!
Die Raumsonden Pioneer I und II hatten ein Bild an Bord, das einen Mann und eine Frau zeigte, sowie eine Karte, die angab, wo im Sonnensystem sich die Erde befindet.

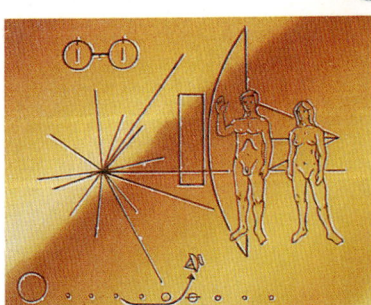

● Das
Hubble-Teleskop
wurde mit dem Spaceshuttle
ins All befördert. Es sendet Bilder auf
die Erde und zeigt Sterne, die zehn Milliarden
Lichtjahre von uns entfernt sind.

Versuchen Außerirdische Kontakt mit uns aufzunehmen?

Es gibt keinerlei Beweise für die Existenz von Außerirdischen. Aber für den Fall, dass fremde Wesen mit uns Kontakt aufnehmen wollen, empfangen riesige Radioteleskope ununterbrochen Radiowellen aus dem Weltraum. Bislang gab es allerdings keine Nachrichten von Außerirdischen.

● **Satellitenschüsseln**
Übertragungssatelliten haben mehrere Parabolantennen, die jeweils auf eine Erdstation oder auf einen anderen Satelliten gerichtet sind. So können sie viele verschiedene Signaltypen auffangen und senden.

Wie kommen Nachrichten ins Fernsehen?

Journalisten können selbst von den entlegensten Orten der Welt aus in Sekundenschnelle Filmbeiträge in ein Nachrichtenstudio senden.

Dafür benutzen sie einen tragbaren Satellitensender, der die Berichte an einen Satelliten ins All überträgt, von wo aus sie zurück an die Fernsehstation auf der Erde abgestrahlt werden.

● In fast allen Teilen der Welt arbeiten Korrespondenten für Nachrichtensender. So können sie jederzeit über die aktuellsten Ereignisse berichten.

Wer brachte die Stummfilme zum Sprechen?

Die ersten Filme liefen ohne Ton. Für die stimmungsvolle Untermalung eines Films sorgten Klavierspieler. Der erste längere Tonfilm trug den Titel „Die Jazzsinger" und erschien 1927. Der Film war ein Riesenerfolg.

● Jn absehbarer Zeit werden Fernseher eine LCD-Anzeige haben – eine Flüssigkristallanzeige wie die Bildschirme der handgesteuerten Computerspiele. Fernseher könnten damit so flach wie ein Bilderrahmen sein.

● Mit einer Videokamera kannst du deinen eigenen Film drehen. Du kannst damit auch Videobotschaften an Freunde und Verwandte schicken, die weiter weg wohnen.

● Bestimmt sind dir schon einmal Überwachungskameras in Geschäften oder an Gebäuden aufgefallen. Jm Falle eines Verbrechens kann die Polizei den Film darin zurückspulen, um das Geschehen zurückzuverfolgen.

Register

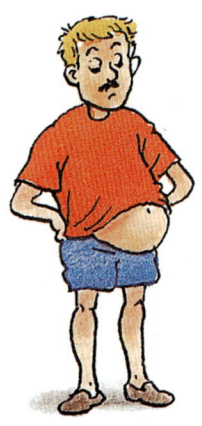

O

P

Q

R

S